不拖延

你早成功了

刘瑞军 编著

U0899581

煤炭工业出版社
·北京·

图书在版编目（CIP）数据

不拖延你早成功了 / 刘瑞军编著． --北京：煤炭工业出版社，2015

ISBN 978-7-5020-4873-0

Ⅰ．①不…　Ⅱ．①刘…　Ⅲ．①成功心理—通俗读物　Ⅳ．①B848.4-49

中国版本图书馆 CIP 数据核字（2015）第 101869 号

不拖延你早成功了

编　　著　刘瑞军
责任编辑　刘新建
特约编辑　郑　光　袁旭姣
责任校对　杨　洋
封面设计　嫁衣工舍

出版发行　煤炭工业出版社（北京市朝阳区芍药居 35 号　100029）
电　　话　010-84657898（总编室）
　　　　　　010-64018321（发行部）　010-84657880（读者服务部）
电子信箱　cciph612@126.com
网　　址　www.cciph.com.cn
印　　刷　北京时捷印刷有限公司
经　　销　全国新华书店

开　　本　710mm×1000mm $^1/_{16}$　**印张**　14 $^1/_2$　**字数**　150 千字
版　　次　2015 年 6 月第 1 版　2015 年 6 月第 1 次印刷
社内编号　7719　　**定价**　29.80 元

版权所有　违者必究

本书如有缺页、倒页、脱页等质量问题，本社负责调换，电话：010-84657880

前　言

“每次打开跑步机决心锻炼减肥，就觉得应该先弹会儿琴，打开琴又觉得光弹琴不写歌浪费时间，于是打开电脑，上网乱看一小时，脑子被搅乱，无法写作，便上楼吃饭，吃完饭脑袋缺血，必须睡一觉，临睡时安慰自己虽然吃完了就睡会长肉，但是睡醒了会去跑步机上锻炼减肥……”

这是知名音乐人高晓松写在微博上的一段话，从这段话中你会看出这是一种拖延行为，也许你会幸灾乐祸或者自我安慰地说：“呀！原来名人也有拖延症啊！”不错，不光名人有拖延症，事实上每一个人都有拖延症，只是不同的人拖延症轻重不同而已。如果你说你没有拖延症，那么不妨仔细回想一下，在你做过的所有事情中，有哪些事情是你没有按时完成的？相信每一个人都会有，尽管这件事情对你没有任何影响。

曾有一位名人说过：“拖延就等于死亡。”这句话乍看未免有些恐怖，有些人可能会想，哪有这么严重的后果，只不过是做事用的时间长一些而已。这不是危言耸听，拖延会让一个人的心智变得模糊，尤其是拖延症严重的情况下，它会每天折磨着你的心，让你很难找到自信以及积极的心态，严重影响个人的身心健康。

关于拖延，很多知名人士都对其发表过让人深思的观点，比如：

哈佛大学人才学家哈里克说：“世上有93%的人都因拖延的陋习而一事无成，这是因为拖延能杀伤人的积极性。”他告诉我们，拖延让人变得平庸，甚至一直无成，是人们走向成功的克星之一。

英国作家塞缪尔·约翰逊说：“我们一直推迟我们知道最终无法逃避的事情，这样的蠢行是一个普遍的人性弱点，它或多或少都盘踞在每个人的心灵之中。”他告诉我们，每个人身上都有拖延的特点及心态，只是轻重程度不同而已，这是一种愚蠢的行为。

英国诗人爱德华·杨格说：“延宕是偷光阴的贼。”他把一个人的拖延比作一个贼，这个贼可以在无形中偷走我们的时间。的确如此，很多人就是在拖延中浪费了很多时间，以致在做事时效率降低，质量打折。

英国小说家狄更斯说：“永远不要把你今天可以做的事留到明天做。”在上小学的时候老师就一直教导我们今日事今日毕，告诉我们不要把今天该做完的事情留到明天。这是人类在千百万年的生活中总结出的宝贵信条。然而，总是有一些人会把今天的事情拖延到明天或者后天，久而久之，当这种方式成为一种习惯后，很多需要做的事情就会被搁置甚至放弃，工作效率低下不说，还会影响其他事情的正常进行。

通过阅读以上这些名人对拖延的深刻认识，相信你一定会发现你身上曾有或现在就有的拖延问题，它对你的生活和工作或多或少的造成了一定的消极影响。显然，拖延是我们生活和工作中的一颗毒瘤，严重影响着做事的效率，甚至还会影响我们生活和工作的质量，总之，会害了我们。

在社会竞争如此激烈的今天，慢一步，就可能与成功失之交臂，因为有很多人和你一样在做同样的事情，有着同样的目标。为此，去除拖延症，是一个人走向成功必须克服的问题之一。而本书是对付拖延症的一把利剑，相信能够让你在认识自身拖延症的同时，快速有效地解决它。最后，祝愿每一位读者都能够没有拖延症，快速迈向成功，取得更大的收获。

目 录

下篇 拖延有害，战拖有术

上 篇

因为拖延，总要付出代价

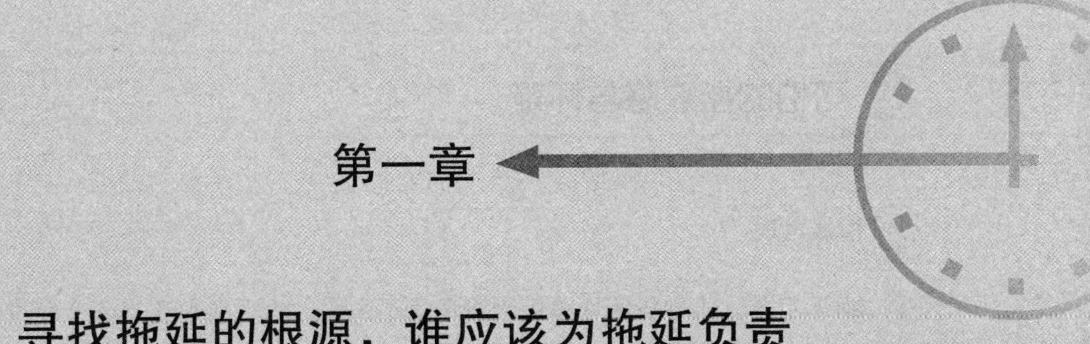

第一章

寻找拖延的根源，谁应该为拖延负责

可怕的挫败感与怀疑

情景再现

周五下午，胡军将做好的策划案发给了主管，然后准备过一个美好的周末。

胡军是某广告公司的一名员工，上周主管派给他一份任务，为一家火锅店设计一个宣传推广方案，胡军用了三天的时间，今天终于做好发给主管了，心里也松了一口气。

事实上胡军对这个方案并不是很满意，因为在网络上类似这样的策划方案很多很多，看着实在是太普通。为了掩盖这种普通，他在版面设计及格式上进行了调整，心想这样至少看起来不是摘抄拼凑的，他也用心去做了，只不过时间太短，不是很完美而已。其实想到这些的时候，胡军心里还是有些不畅，但想到明天是周末，还是愉快地回家了。

周一上班，主管看了他设计的方案后觉得不是很满意，通过网络给他传了一份文件，胡军打开后发现是一份房地产推广方案，这份方案做得很精致，该地产项目叫“清华忆江南”，设计师以江南水乡为基调，以故事为引子，不管是文字表达还是广告语，都非常吸引人。

胡军看了这份策划案后，心想老板给自己看这是什么意思呢？难道要按照这种风格去设计吗？不对呀，火锅店和房地产是两个完全不同的领域啊！

正在纳闷，主管通过网络聊天工具对胡军说：“这是上个月刚招聘进

来的小张为一家房地产客户做的策划案，用了两天时间，我觉得挺不错，你可以看一下，把原先的方案修改一下吧。”

主管传达的意思很明确，心里肯定在想：“一个刚招聘进来的员工都能做这么好，难道你还不如他吗？”

想到这里，胡军心里猛然一紧，脸上有些发烫，似乎受到了莫大的侮辱。越想心理越有些烦乱，而且还感到一丝压抑。静下心来，他开始怀疑自己的能力，为什么新来的能策划出这么漂亮的方案，而自己却做不到呢，自己是不是退步了呢？类似的怀疑开始缠绕着胡军。

接下来在修改方案的过程中，胡军似乎在背着一个千斤重的石头往前走，感到非常艰难。他很想将这个方案做得完美一些，可是每每想到同事的那个方案，就开始怀疑自己的能力，继而开始无聊，甚至还有过辞职走人的念头，完全没有了刚开始做方案的那种冲劲儿。

后来，他用了将近一个星期的时间勉强将方案修改完，交给了主管。主管对他修改方案用了这么长时间很不满意，但并没有表达出来。而且客户在看到方案后，仍然有一些不满意，不过在主管的解释沟通下，对方才接受了这个方案。

拓展解析

胡军在后来修改方案的过程中拖延了，用了太长的时间，而且还没有达到客户满意，其主要原因在于自己对自己能力的怀疑。

当主管将他人用很少时间策划出的漂亮方案给他看的时候，起初感到的只是羞愧，而后便是对自己能力的怀疑。因为对自己有所怀疑，心中有了障碍，致使他不能完全放开手脚去修改方案，自己的潜在能力及思维也被束缚，所以，修改方案用了很长时间，工作被拖延。这便是自我怀疑对个人造成的拖延。

曾有一位名人说：“如果你怀疑自己，那么你的立足点就不稳固了。”意思是说如果你在做某件事情的时候，心理总是怀疑自己行不行，做好做不好，那么，就会影响你做这件事情的决心，进而消弱你做这件事情的动力，甚至放弃做该事情，从而产生拖延行为。

这是一种非常糟糕的现象，他会让我们在做某些事情的时候变得懦弱，失去魄力，甚至变得懒散。比如领导交给你一份工作，对于这份具有挑战性的工作，你怀疑自己没有能力做好，担心在操作的过程中出问题，为此你在做这份工作的时候就会变得蹑手蹑脚、战战兢兢。为此，别人可能2天就能够完成的工作，你则需要4天或者更长时间，最终的结果是这件事情被你拖延了。

很多老师以及名人都告诉我们，做事要有自信心，表面看只不过是一句励志性的鼓励，其中却包含着深刻的道理。其中一方面就是能够减少我们对自己的怀疑，提升做事的效率，避免因此而产生的拖延。

失败能够让自己变得拖延，失败并不可怕，但如果失败后处理不当就会变得相当可怕，因为失败能够让我们产生挫败感。失败和怀疑两者有着很密切的关系，比如我们在做一件事情的时候失败了，如果过度在意或者自责，便会产生挫败感。同时我们就开始怀疑自己是不是做不好这件事情、不适合做这份工作等。最终产生和自我怀疑一样的结果——养成拖延的坏习惯。

除了自我怀疑能够造成拖延症外，挫败感以及害怕失败也是主要原因。每个人都不想失败，都有一种害怕失败的心理，不愿意面对失败给自己带来的挫败感。这是一种很正常的心理，但是有些人因为担心面对这种挫败感，会无意识地去找一些理由，从而延误一些事情的进行。

比如有些学生上学的过程中常常会有这样一种想法，希望自己生一场大病或者出一些意外，这样自己就可以休息几天，甚至不用考试了，而且即使自己学习成绩下降或者考试没考好，也没有人会责怪他，因为他有一个很正当的理由。为此，当真正有一些事情发生之后，他们就会理所当然地将一些事情拖延，这便是典型的挫败感带来的拖延。

在日常生活工作中这样的事情也有很多，有些人当在工作中遇到一些困难后，一旦有借口，他们就会放慢工作的速度甚至停止。原因就是他们担心工作失败后给自己带来的挫败感。

因此，自我怀疑和挫败感是拖延的两大因素，提升自己的信心，勇于面对失败，便可解决这两方面所带来的拖延。

拖延的意识根源

情景再现

郑海是一位程序编程人员，在业界小有名气，属于自由职业，日子过得还算滋润，平时经常会有人找他写程序，几天时间便可以拿到不菲的收入，然而最近他发现自己似乎得了拖延症，很多事情都很难提前完成。

记得有一次，他接到一个英国客户的活，对方要求他写一个程序，时间是一个星期。接收到对方的资料后，通过仔细了解后，他发现这个工作非常棘手，很伤脑筋，而且要完成这个任务需要用cmake进行编译，而他对这个东西又不太了解，于是便想着去学习一下cmake。

他打开电脑，在网上搜索了很多相关资料，在阅读的过程中发现里面还需要用到C语言的知识。C语言他在大学时倒是学过，不过自从走出校门后基本上就没再用过，很多知识基本都忘得差不多了。为此，他下意识地找到大学时关于C语言的课本，同时在网上搜集了相关资料学习。就这样，他折腾了两天，什么事情也没干成，客户的程序设计一点也没动。

突然他想，自己为什么要学习cmake呢？为什么要学习C语言呢？cmake在写这个程序中只占了极小的一部分，而且自己完全可以找懂cmake的人进行编译呀，既简单又快捷，只需要很短的时间就可以编译好，C语言当然更不用去学习了。这样自己岂不是可以更加高效地完成客户的工作吗？何必要被这些无关紧要的事情拖延写程序的进程呢！

想到这里，他感觉到自己做事的思路是不对的，回想以前很多事情，事实上就是因为这种思想而被拖延的。于是，他放弃学习cmake以及C语言的想法，开始写程序，请他人用cmake进行编译，不到四天的时间，便完成了客户交给自己的任务。

拓展解析

客观地分析郑海的经历，有两种意识导致了郑海去学习cmake和C语言，使其工作拖延了两天，分别是：

第一，任何事情亲力亲为的意识。任何事情都想亲自动手，这样才会觉得心安或者放心。郑海在看到相关资料后，看到需要cmake方面的知识，于是便下意识地去学习，在学习cmake的时候发现需要C语言方面的知识，于是也下意识地去学习。这样便导致了写程序的工作被拖延。幸亏郑海后来意识到了其中的弊端，否则该工作必定会被拖延，即使按时完成，工作质量也不会很好，因为他浪费掉了很多时间。

第二，找借口的意识。当有些人遇到一些困难的时候，会下意识地去找一些借口。案例中的郑海就是因为这种意识才去学习cmake和C语言。当他仔细了解过这份工作后，发现要完成这份工作比较辛苦，而学习了解cmake和C语言相对来说是一件比较容易的事情，而且与写程序有一定的关系，于是他下意识地转难入易，忽视了更好完成这份工作的其他方法，导致工作被拖延。

事实上，类似于这样的意识根源产生的拖延行为还有很多，比如有些人在做事的时候，第一次做得很好，他会觉得以后每次都要做得很好，而且会花很多的时间与精力去做，从而导致了某些事情的拖延；有些人觉得按照别人的指导去做事没有个性，于是便自创做事方法，从而走了很多弯路，拖延了某些事情；等等。所有这些都是拖延的意识根源，是造成拖延的主要诱因。

打开记忆，我们每个人都能够想到曾经一些拖拖拉拉的习惯和被拖延的事情，在上学的时候，老师布置的作业你肯定有没有按时交过的时候；

上班的时候，领导交给你的工作你肯定也延误过；约会、聚会、会议等活动你肯定也迟到过；等等。以上这些事情大多数人肯定曾经经历过。

客观分析，以上这些拖延症状的根源都来自于每个人大脑中不同的意识。由于生活环境、接受文化等方面的不同，每个人都有不同的思想，对同一件事情有不同的看法，对生活、工作也有不同的追求理念，也就是说，不同的人产生意识的根源是不同的。

比如有些人在做某些事情的时候，他有一种强烈追求完美的意识，然而就是因为这种意识，造成了他对某些事情的拖延；有些人觉得什么也不做比去冒险甚至失败更加安全，因为这种意识，于是在做某事的过程中如果遇到风险，他会放慢脚步甚至停下来，从而造成拖延；有些人觉得做事一定要避开某些挑战，于是一遇到困难便轻易放弃；等等。

类似于以上这些拖延的原因还有很多，而这些原因都是因为个人的不同意识而造成的，这便是拖延的意识根源。

拖延者的心理时间

情景再现

张敏是一个26岁的单身女孩，生活中习惯了按部就班，喜欢当下那种自由自在的感觉，她觉得不受时间限制的生活是她最幸福的生活。

她喜欢上网，只要一打开电脑，就觉得自己脱离了时间的束缚，一会儿看看电影，一会儿看看MV，一会儿逛逛网店，购买一些喜欢的东西。每当这个时候，她就会觉得自己远离了工作，远离了各种各样的压力，可以肆无忌惮地挥霍时间。

有一次同学聚会，前一天便告知了她聚会的时间和地点。第二天，她看时间还早，便打开电脑随便看看，准备时间差不多了再出发。玩了大概一个小时的时候，她看了看电脑右下角的时间，离聚会开始还有一个小时，而从她的住处到聚会地点只需20分钟，于是她继续浏览网页，心想再玩半个小时就出发。

然而，她忘记了自己坐在电脑前总是会忘记时间的，当她再次看电脑右下角时间的时候，发现已经过去了40分钟，也就是说离聚会开始只有20分钟了。此时她有些着急了，匆匆忙忙关闭电脑，简单收拾了一下便直奔聚会地点。然而，紧赶慢赶还是迟到了15分钟，为此还被同学罚了三杯酒。

此外，她的这种心理时间还延伸到了生活中，很多事情都没有一个清晰的目标，比如她不知道自己需要花多少时间和精力让自己成为什么样的人，不知道用多长时间寻找到自己的爱情、组建幸福的家庭，对于如今很低的待遇收入，不清楚在多久之后达到什么样的程度，等等。虽然有时候她会觉得自己很自由、很独立，但是这种不受时间限制的生活方式严重影响了她的工作和生活，使她不能向更好更幸福的生活迈进。

拓展解析

从张敏的故事中可以看到，张敏消极的心理时间使她觉得自己可以不受时间的限制，甚至有时候会忘掉时间，因为在这个时候她会感到很愉悦、很开心。事实上的确如此，当一个人沉迷在自己喜欢做的事情的时候，常常会忘记时间，不知道是过去了几分钟还是几个小时，属于一种时间迷失的状态。

然而像张敏这样，习惯性地将时间迷失从工作中蔓延到生活中，总是在自己心里有一个不同的时间标准，那么必定会产生严重的后果，不管在工作还是生活中造成拖延的状态，甚至让自己失去方向感。

你和同事准备坐飞机出差，航班起飞时间为是下午3点钟，从你们所在的办公室到机场所需时间为半小时，下午1点半的时候你和同事坐在办公室喝茶，同事对你说："咱们出发吧，免得耽误飞机。"

你说："才1点半，还早呢，别急，坐下喝茶。"

2点钟的时候同事又对你说："时间不早了，咱们还是赶紧走吧，免得误了飞机。"

你说："误不了飞机，还有1个小时呢，再坐会儿。"

2点10分的时候同事有些着急了，催促着说："赶紧走吧，再不走就来不及了。"

这时你才和同事出发赶往机场。

如果在你身上曾经上演过类似的事情，那么就说明你和对方的心理时间是不同的，在对方的眼里，做事宁可赶早也不赶晚，早点到机场等待会让他更有安全感，也就是说他在做任何事情的时候，习惯了提早处理，这就是他的心理时间。而在你的眼里，做事在最后的期限完成即可，不必着急做完，习惯了盯着最后的时间去做事，而且觉得这样做没有什么不妥，这便是你的心理时间。

显然，按照不同的心理时间做事，得到的结果不同。钟表的时间虽然是统一的，但每个人心中却都有一个不同的心理时间，因为心理时间的不同，每个人的心理时间限制度不同，严重的情况下便会产生时间迷失。为此，将自己的心理时间调整到合理的状态，才是工作和生活的最好方式。

因为宽容，所以放纵

情景再现

王冰一直是一个不管对自己还是他人都很宽容的人，他觉得对自己宽容一些，可以活得更加轻松，对他人宽容一些，更能赢得对方的信任。为此，他一直把这一点作为一种美德坚守着，直到有一天他遇到了同事李辉，从而改变了他的看法。

李辉是公司刚招聘进来的一名员工，分到了他的部门，成了王冰的下属。作为李辉的领导，王冰一直认为对下属要宽容一些，这样才能处理好彼此之间的关系，所以在很多事情上，即使李辉做错了，拖延了工作，王冰也不会刻意指责他，而是耐心地告诉他以后要注意，不要再犯类似的错误。

然而，王冰的宽容似乎并没有起到多大作用，李辉依然像往常一样，时常犯错，更要命的是很多事情都会被拖延。有一次王冰让李辉在当天下午给一位客户发一批货。三天之后客户打电话给王冰，询问货为什么还没有收到，如果没办法的话他们就不要了。王冰想，都已经三天了，按道理说应该收到了呀，客户怎么会说没收到呢！

王冰将李辉叫到自己的办公室，询问发货的事情，谁知李辉说：“呀！我给忘记了，我现在就去发。”

听到此话后，王冰实在忍无可忍，完全没有了原先的那种宽容态度，厉声说道：“回来，这么重要的事情都忘记了，你知不知道客户因为没有收到货现在要退款，这责任你能负吗，怎么好多事情你都要拖延一下呢……”

事后，王冰静下心想，到底是什么原因让李辉对工作如此怠慢呢，想来想去他觉得是自己对李辉过于宽容。因为对其的宽容，造成了他对工作的放纵，从而导致了很多工作上的错误及拖延。他决定从今以后，要对下属严格要求，以免再出现类似的事情。

然而反过来想，对他人宽容能够造成拖延，那么对自己宽容是不是也能够造成自己做事时拖延呢？回顾自己工作和生活中的一些事情，虽然很多事情都没有耽误，按时完成了，可是大多都是按时完成的，很少有提前过，对此，他想：是不是对自己过于宽容了呢？

拓展解析

长久以来，很多人都觉得宽容是一种美德，在宽容中能够彼此领会对

方的意思，能够赢得彼此的信任。然而，对于有些事情，当宽容过度甚至泛滥时就会带来消极的影响，如案例中的王冰，起初他对下属宽容是抱着积极的目的，然而当他无限大度地宽容后，却带来了消极的结果，使得王冰对待工作更加放纵，导致很多事情拖延。

从这一点我们可以看出，王冰的宽容过度了。反过来讲，对于王冰的疑惑，自己对自己宽容是否也会导致同样的结果呢？答案是肯定的，只不过王冰作为领导，他的自制力要比下属李辉强一些，所以很多事情只是按时完成，没有拖延而已。但是，如果王冰对自己的宽容再放大一些，那么，必定会导致自己放纵，出现拖延。

严于律己是很多成功人士的做人做事原则，意思是严格要求自己，按照规则做事，这样一方面可以给他人树立一个很好的榜样，另一方面可以提高做事效率。能够严于律己的人是优秀的，不管是做人还是做事，都会按照既定的规则和时间安排去做，很少会因为自己的主观原因造成某些事情的拖延。

相反，有些并没有严格要求自己，显得过于宽容。从个人心态讲，对自己宽容一些并不是一件坏事，因为过度严格要求自己会时常让自己处于一种紧张状态，不利于身心健康。而在适当的时候对自己宽容一点，进行恰当的休闲娱乐，更有助于个人身心健康及工作生活效率的提高。

但是，如果过度宽容，就会造成消极影响，做事拖延便是最显著的表现。比如领导交给你一件非常紧急的任务，你做的过程中感到非常累，这时你会想："对自己宽容一点，休息一下吧，用不着这么着急，明天再做也来得及。"这时你的想法就是一种过度的宽容，进一步会开始变得放纵，最终必定会拖延这件事情的进度。

宽容、放纵与拖延这三者之间有着直接的联系。客户要求你上午10点见面，你因为对自己的宽容，放纵自己睡懒觉，11点才到客户办公室，给客户留下了不好的印象，那么，你和客户的洽谈就不会那么顺畅。

所以说，我们不管在工作中还是生活中，对自己及他人宽容可以，但不可过度，否则就会培养出拖延的坏习惯，害人害己。

自我保护心态的罪恶

情景再现

曹俊是某贸易公司的一名业务员，在该公司工作已有6年的时间，算得上是一名老员工，虽然职位不高，但由于资历老，在公司具有一定的地位。

但是，最近他感到非常郁闷，心情很不爽快，原因是公司新来了一名员工小张，小张在业界曾经做出过很棒的成绩，小有名气，所以深得领导重视。虽然小张和曹俊一样仅仅是一名业务员，但是领导对其格外照顾，不管在公司待遇上还是工作上都很明显地倾向于小张。

按道理说，领导都喜欢有能力的人，在工作中有所偏向也是人之常情，可曹俊认为，领导偏向影响了自己在公司中的地位。在小张没有来公司的时候，领导对曹俊格外重视，一些重要的工作都会交给他去做，可以说是领导的左膀右臂。而小张来了之后，领导对自己的这种重视完全没有了，全部都转移到了小张身上。

为此，曹俊觉得小张威胁到了自己的地位，心里很不痛快，而且在之后的工作中，没有原先那样积极，对于任何事情都是拖拖拉拉去做。比如原先2个小时就可以完成的工作，现在他却需要4个小时，甚至有些事情被严重拖延。

领导看到曹俊的这种情况后，知道他是在耍脾气，也明白是什么原因导致他会这样，于是找他进行了一次谈话。

领导说："老曹啊，我知道你最近心里不痛快，但小张确实是一个人才，我不得不重视他呀，其实你和他都是我的左膀右臂，有些事情交给他去办，是想去锻炼一下他，希望你能够理解……"

听了领导的话，曹俊觉得有些道理，也解开了心中的疙瘩。

拓展解析

故事中，曹俊之所以会在小张来之后突然降低工作效率，甚至刻意拖延，其实是自我保护心态造成的。因为小张的出现，曹俊失去了原先在公司中的地位，被领导重视的程度减弱，所以心里不快。但为了保护原先的地位，让领导知道自己在公司的重要性，开始有意无意放慢工作节奏，甚至出现拖延状况，目的就是要引起领导对自己的重视，赢得原先的地位。

后来，通过领导谈话，心中的疙瘩为什么能够解开呢？原因就是他知道了领导对他还是比较重视的，在领导心中的地位还是比较重要的，地位名望并没有受到威胁，所以他又找回了原先的工作状态。

前面提到的有些人会觉得我不需要那么优秀，其实也是这个道理，为了保护自己目前的工作状态，避免不好的结果出现，他会延续慢节奏的工作与生活，时常出现拖延。

人都有一种自我保护的心理，有些是应激反应，有些是后天形成的。比如当有人挥拳打你的时候，你会应激性地躲开；当出现地震的时候，你会下意识地往屋子外边跑；等等。这些都属于一个人本身就有的自我保护机制，是一种正常的应激反应。

然而，有些自我保护心态却是在生活及工作的过程中后天形成的。比如领导交给你一份工作，而公司最近正好招聘进来一位能力很强的同事，大有和你平起平坐之势。你为了稳固自己的位置，夯实自己的地位，在领导面前长久保持良好的形象，那么你可能会非常认真地去做这份工作，这便是一种积极的自我保护心态。

但是，当你看到有些人为了让自己更加优秀，进行“血腥拼杀”，经历千难万险，遭受了很大的挫折，这时有些人会想，我不需要那么优秀，我不要经历那些痛苦与磨难，也不愿遭受那些挫折，于是在做事的时候便不再那么积极，不紧不慢，只是做着自己分内的事情，甚至有些事情被拖延了，自己也不以为然，甚至搞不清状况。这便是一个人在工作的过程中产生的消极自我保护心态，它会引发拖延。

一个人在工作及生活中类似的情况还有很多，如某些人为了保护自己休闲的工作状态，在做事的过程中对于他人的催促会置之不理，依然逍遥自在；有些有一定地位的人为了保护自己的大牌形象，做事慢慢腾腾，稳稳当当，看着让人很是着急；有些人为了和领导抵抗，保护自己在公司的地位，故意放慢工作的脚步；等等。所有这些都是自我保护心态造成的拖延。

为此，面对拖延，调整心态很重要，不要想着用拖延去解决某些问题或者避免某些应该积极去做的事情。

细看那些抵抗心理

情景再现

亚军是一家汽车生产企业的车辆调试工，主要工作是对下线的汽车进行调试检测，有问题及时修正，没问题入库，从而保证每一辆汽车的质量。

亚军做这份工作已有两年时间，操作很熟练。原先，车间对汽车调试工的工资待遇是固定的，一个人只要完成当天的工作量就可以了，无须做更多的工作。比如车间规定一个调试工一天调试8台车，调试完就可以下班，工资及各种奖金都是统一的每月3000元。

然而，后来车间换了一位主任，将工资待遇进行了调整，工资待遇与工作量挂钩。一个人一天调试8台车之内，每月工资2500元，每多调试一台车加10元，上不封底，多劳多得。这种看似多劳多得的薪资结构很合理，但是亚军及工友觉得很不合理。因为按照每个人正常的工作效率，一天只能调试8台车，就算付出全力也只能多一台，最多两台，这样的话与之前的待遇相比事实上是下降了。

因为就算每个人每天调试9台车，每月的工资最多也只有2800元，而且要付出所有的精力，还不如原先的每天调试8台车工资3000元。为此，亚军和很多工友都不同意这样的薪资方式。然而，新来的车间主任是一个很武断的人，对于调试工人的意见完全不在乎，坚定地更改了薪资结构，并在例会中严厉地说："以后的薪资结构就按照这种方式执行，如果有人有意见，可以选择辞职。"

尽管很多工友都有意见，但是大多都不愿意辞职，因为辞职之后重新找工作是一件非常麻烦的事情，对于他们只会这一门技术的人来说，可能辞职后要耗费很长时间才能找到一份适合自己的工作。所以，亚军和工友们也只能默然接受了。

虽然默认了新车间主任指定的薪资方案，但是亚军和工友们在工作中却表现得很消极，工作效率急剧下降。亚军大多数每天只能调试7台车，甚至有时候一天只调试6台车，从来没有调试完8台车，其他大多数工友也是，只有少数工友一天保持在8台车或者9台车，整个车间调试车辆的效率急剧下降。

因为汽车调试量降低，入库的车辆也就减少了，相应的生产线下线的车辆也不得不减少，因为下线的多，调试不完，会造成车间拥堵。所有这些，引起了高层领导的重视，很快高层领导对车间主任进行了问责。

车间主任感到了事情的严重性，迅速组织车间调试工开会，修改了薪资制度，每人每天调试8台车，工资每月3000元，多调试一台工资增加15元，并且认真征求了调试工的意见。对于这个薪资方案，亚军和工友们都很认可，在随后的工作中，他们的效率高了很多，每人每天调试的车辆基本都保持在9台以上。

拓展解析

从这个案例中我们可以明确看到，亚军和工友们表达抵抗的方式就是拖延。目的是告诉车间主任，他的薪资方式我们不接受，而且是不可行的，要想改变目前的状态，必须对既定的方式进行改变。这是对规则的一种抵抗破坏，以此来争取新的规则。

显然，这是一种有效的抵抗方式，他们获得了最后的成功。除此之外，有些人还会用拖延来抵抗权利等级，你分配给我的职位不合理，而我又无法改变这一事实，那么我就可能会通过拖延工作来表达抗议。

事实上，很多人都会有这种心理，似乎是与生俱来的，比如小孩子对大人的批评不满时，他就会放慢写作业的速度，或者在上学的路上放慢脚步故意拖延，来表达自己的抵抗情绪。当然，随着时间的推移和年龄的增长，人会变得越来越理性，通常很少会用拖延表达抵抗情绪，只是偶尔为之。

其实，当我们偶尔出现这种现象时，要及时调整自己的情绪及心态，用光明正大的方式去协调解决，避免因为拖延造成不良的后果。

在日常生活及工作中，当别人让我们做一件我们不愿意做的事情时，通常我们会通过语言或者肢体语言明确地表示拒绝，比如“不好意思，这个我做不了”、“抱歉，明天我去不了”、“我不想做这份工作”，或者摇头否定，等等。这些都是我们通常表示拒绝的一种方式。

然而，有一些人他们表示拒绝的方式却截然不同，那就是拖延。当你让他去做某一件事时，他不会向你明确表示拒绝，而是在做的过程中故意拖延，以此来表达自己的抵抗情绪。

当今，这种现象在工作中较为常见，尤其是上级与下级之间。当上级交给下级一个他不愿意去做的工作时，下级因为不好意思拒绝或者不能拒绝，只能勉强接受去做。但在下级做的过程中，为了让上级知道自己不喜欢做这样的工作，他就会有意无意拖延工作，表达不满。相信当下很多公司都会有这样一种现象，这便是由抵抗心理造成的拖延。

除此之外，有些人还会用拖延抵抗权利或者等级，用拖延破坏某些规则，等等。都是抵抗心理形成的拖延。

别让性格“拖”了你

情景再现

李辉是某大学一年级的学生，来自农村。由于小时候父母常年在外打工，自己跟随奶奶长大，与同龄人沟通较少，所以性格比较内向。奶奶非常爱护他，从小就宠着他，要什么就会尽量给他什么，小时候一哭闹，奶奶就会想尽一切办法哄他，即使是李辉的错，奶奶也会说是自己的错，为此，李辉很情绪化。

上大学后，由于是第一次来大城市上学，李辉既感到新奇，又有点恐惧，做什么事情都是谨小慎微，不过一个月之后，他便适应了大学的生活环境。李辉是一个有理想的人，为了让自己将来成为优秀的人，他为自己制订了很多计划，比如大一的时候参加两个社团，至少学会两种特长；大二过英语四级，以及与本专业相关的各类证书；大三过英语六级，提高自己的演讲技能，参加社会实践活动；大四巩固专业技能，利用前三年获得的技能，选择一家有实力的实习单位。

这个计划看似比较完美，和很多大学生上大学时所制订的计划相差无几。但是，李辉在执行的过程中却大打折扣。大一他参加了两个社团，一个是吉他社团，另一个是手工艺品制作社团。在学习吉他的过程中，刚开始他激情高涨，还专门买了一把练习琴。然而，在学习的过程中，由于左手手指按和弦时肿了，很是疼痛，而且和弦始终按不好。尽管在学习之前师兄说会辛苦，他也做好了吃苦的准备，但看到一直没有啥效果，积极性减弱了很多，虽然每周都会去社团学吉他，但似乎成了一种应付。因此，一直到大二的时候，他还没有学会熟练地弹吉他。

李辉在其他事情上也是如此，很多计划都是因为过于情绪化被搁置了，尽管同学会给他讲一些其中的道理，但不善于沟通且性格内向的他始终听不进同学的建议，依然跟着自己的感觉走。

直到大学毕业，李辉大学的计划真正实现的很少很少，虽然很无奈，他还是要踏入社会，加入求职的大军……

拓展解析

在当今的很多大学里，类似于李辉这样的学生不在少数。他们做事拖延的原因有很多，其中有些同李辉一样，是性格。懦弱、情绪化的性格都会造成拖延。

回想曾经，有多少人很兴奋制订了自己的计划，几年过去了，却很多都没有做到，依然原地踏步。看看自己身边的同龄人，他们一个个变强，一个个走向成功，而自己却依旧是那个自卑自怜的人，心中依然满怀着各种担心、焦虑和恐惧。

关于一个人的性格，从心理机能角度区分，可分为理智型、情感型和意志型。从心理活动倾向角度区分，可分为内向型和外向型。不同性格的人，他的感情、情绪及对同一事物的表现形式是不同的。人的性格一部分是先天自带的，也就是说是通过父母遗传下来的，另一部分是根据后天的生活环境而养成的。在拖延这个领域中，不同性格的人所表现出的拖延程度是不同的。

比如有一个商人，在经商的过程中，他给自己制订了很多计划，如果这些计划能够完成，他便能够获得巨大的成功，在业界取得一定的地位，同时还能够让自己成为百万富翁甚至千万富翁。每次想到这个计划，他就会无比激动，但是，在执行的过程中，真正实行的计划却很少，有些只是简单尝试了一下就放弃了。

对于这种情况，商人的性格可能就是拖延的原因之一。如果该商人是一个性格内向的人，那么，当他在执行任务时遇到一些困难挫折时，执行计划的积极性便很容易被消磨，常会出现这样的想法："原来做这件事情这么难，还要看别人的眼色，是不是该放弃呢？做其他的项目会不会更好呢？"如果该商人性格内向，做事比较"肉"，任凭外界环境如何变化，

他都会按照自己的节奏去做事，习惯了缓慢做事的方式，那么他做事的效率自然会很慢，有些事情同样也会被拖延。

有人说，一个人的性格一旦形成就很难改变，这个观点是片面的，前面提到过，一个人性格的一部分是由于后天生活环境的影响而形成的，那么我们在成长的过程中，理智性和自控能力会越来越强，为此，我们可以通过这两个方面对自己的性格进行干预，让其朝着积极的方向发展，从而改变由于性格造成的拖延。

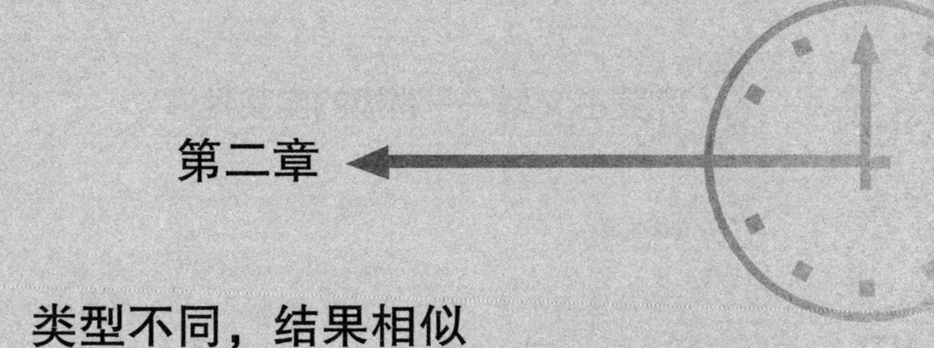

第二章

类型不同，结果相似

完美主义型——消极的自我批评

情景再现

小李毕业两年了，目前在一家杂志社工作。她性格开朗活泼，但同时又敏感易怒。杂志社的工作是她的第四份工作，也是维系时间最长的工作，已经做了有八个月了。但最近，她对闺蜜说又想要辞职了。朋友很奇怪，因为小李比较热爱文学，平时就喜欢写写文章什么的，杂志社的工作性质又符合她的爱好，这样的工作没道理要辞掉啊。

朋友为了不让小李盲目做出决定以后后悔，决定和小李深谈一番。

刚开始进杂志社的时候，小李很是雄心勃勃的，她很想用完美的工作能力来证明自己的优秀。很快，机会便来了。社里需要给一份稿件做审定，需要写一篇审定报告。其实，审定的工作并不是一个新手可以驾驭的，但小李觉得自己是出版专业毕业，文笔还不错，就积极跟领导争取到了这份工作。

当然，这份工作同时也交代给了社里的一位资历颇深的编辑，两人各自准备，谁的好用谁的。同时把一份工作交给两个人，领导本意是鼓励年轻人的积极性，同时让其进行学习。小李很兴奋，拿到稿件后觉得自己肯定能吃透这份稿件，领会作者的意图，然后写出一篇让人惊艳的审定报告。开始通读稿件了，小李发现这很浪费时间，一天大概只能看三四十页的内容。而且其中作者引用的材料需要去查证是否引用的正确，一些富有哲理性的话需要她花时间去考虑作者引述的意图。遇到问题时，她也没想过去求助老同事，觉得自己可以独立完成。她的进度很慢，同时又有其他工作需要做，小李渐渐把这篇审定报告放在了其他工作之后，她想，反正一个月的时间呢，时间很充足。

在截稿的前一个星期，领导问她报告写得怎么样了，她才突然意识到只剩一个星期了，心里怕领导不高兴，就对领导说写得差不多了，还需要修改一下。实际上，作者的稿件她还有四分之一没看完呢。于是，在这一个星期内，她开始突击工作。原来想着吃透稿子再下笔，结果她只是匆匆把作者的稿件看完后形成了一个大概的思路就开始下笔写作。原本想着精雕细琢的报告也只是草草完成。

截稿日期到了，小李忐忑不安地把审定报告交了上去。结果出来后，领导用的是同事的那篇文章，只对小李说了一句“继续努力”。小李很沮丧，很担心领导对自己有什么不好的看法，不再信任她；她同时也很自责，那么长的时间她都干什么去了，为什么不能静下心来好好工作呢；还有，她老是感觉同事对她有看法，瞧不起她，觉得她爱说大话，导致她有点疑神疑鬼，总觉得同事们话中有话针对她。

类似的事情还发生过一两件，小李一直想得到领导的认可，可总有这样那样的问题出现，让小李对自己产生了怀疑，觉得自己不再适合这份工作，从而有了离职的想法。

拓展解析

从案例中可以看出，小李对自己的期望和自己的表现之间存在着一种矛盾。案例中小李做事情是个“半吊子”，总是在最后时刻才匆匆忙忙处理工作，对自己期望过高，对自己的表现失望，所以更容易陷入自责和自我批评之中，久而久之，人就变得消极。

在职场中，你可能有过这样的感受，想把自己手头的工作做好，想把领导交代的任务力求尽善尽美地完成，以期获得同事和领导的称赞。有时也会假想自己是智慧超群、能力高超的完美员工，可以又快又好地把工作完成。

但现实是，我们不是完美者，我们有时并不能把工作又快又好地完成，我们需要投入大量的时间、精力，并且结果可能还不尽如人意。于是，一些人开始对自己不满，批判自己、批判别人、批判周围的环境。

这类人在批判的同时重点也不在如何提高工作效率和提升自我方面，而是担心、忧虑自己会犯错从而招致批评。他们过分注重细节、过分谨慎，他们往往不顾自己的实际能力而为自己制定很高的标准。具有这种情感模式的人一般具有“不完美焦虑症”。

完美者和完美主义型是两个完全不同的概念。完美者，顾名思义，是指“十全十美”的人，而完美主义型则是指追求完美的人。我们都不是完美者，但我们有追求完美的心。拥有这种心理的完美主义型又有两类，一类是适应型完美主义，另一类是消极的自我批评型完美主义，即适应不良型完美主义。

那么，上班族在工作当中，如何把这种消极的自我批评型完美主义改变为积极适应型的完美主义呢？可以从以下几方面来实现。

第一，提问对比。因为消极的自我批评型完美主义一般对自己不满以及不断为自己提出过高要求，所以，如果你是其中之一的话，每天想一下这些问题，你在心中是如何评价和判断自己和他人的？是用的同一标准吗？评价和判断的频率是一样的吗？自我批评的时候你的感觉是怎样的？它是如何影响你的行为的？有意识地将时间投入到使自己感到愉悦的事情中去，坚持一段时间后，可以观察一下自己的愉悦感和工作是否比以前更加平衡了。无论对于何种类型的完美主义者，责任和工作是他们愉悦的源泉，他们不会因为快乐而工作，但是可以从工作中收获快乐。

第二，反思。每天早晨抽出几分钟的时间对自己做心理建设：例如，今天我将抱着宽容、谅解的心态去和人沟通，原谅别人和自己的错误，接受不同的观点和行为方式，试着对快乐和工作一视同仁。在一天的工作中，尽量让自己做到这些。然后在晚上睡觉前，再抽出几分钟时间反思一

下今天是否在心态和行动上有所进步，哪里还有待改进的空间，用这种思维去引导第二天的行动。

以上的练习，消极的自我批评型完美主义者坚持一个月左右的时间即可达到目的。我们都是一样的，能够以平常心接受自己和别人的区别与错误，抱有同情心和宽容心，让自己放松、不焦躁，就会更容易实现自己的目标。

追逐型——总想做大买卖

情景再现

同事的一个朋友，姓张，暂且称他为张哥。张哥三十来岁，仪表堂堂，言语幽默，极具魅力。

他说他在做一个大项目，准备把市区内所有学校的蔬菜供应进行整合，承包下来。首先要他去注册成立一家食品公司，还得要大概一千万左右的启动资金，另外还要逐个学校地谈业务签合同。

当时，我们的初次见面是在一家小饭馆里，张哥和我以及我的三个同事共五个人，饭没吃多少，我和同事们全都被张哥极具煽动性的创业理想所打动，听得热血沸腾。作为一个创业者，他是一位极为出色的演说家，我当时都忍不住想要拿出自己所有的积蓄来投资了。

后来，我也一直关注张哥的进展，坐在一起吃过几次饭，但我渐渐发现，他只是一个夸夸其谈的人。那时差不多已经认识一年了，我问他公司注册了没有，他说没有注册资金。我问他有没有和学校洽谈过这件事，即使先谈下来一个学校也是好的。他说要干就干一票大的，我们不去找学校，而是让学校找我们。

到此为止，我就熄灭了投资的想法。而且后来我发现，他其实在经济上有些捉襟见肘，有时会找我的同事周转一些调度。后来，我同事悄悄告诉我，张哥曾经做生意失败了，欠了很多债。

拓展解析

其实，案例中的张哥就是一个总幻想做大买卖的人。他们这类人的言语富有魅力，理想“远大”，气势恢宏，很容易让人产生好感，获得认同。但长时间接触之后就会发现，他们只不过是夸夸其谈，没有脚踏实地的行动，懒于付出努力，只是一次又一次沉醉在自己的白日梦里不可自拔，日复一日拖延着，总觉得上天会在某个时候助他们一臂之力，让他们大获成功。

他们把许多人蒙在鼓里，跟许多人借钱。他们其实并不想激怒别人，心里也想着还钱甚至成功之后加倍补偿，他们渴望成功，但往往债台高筑，连累周围的人遭殃。

总想做大买卖的人空有理想，但却缺乏去实现的勇气和实力，有时候摊子铺得太大，他们手足无措，于是开始拖延磨蹭，最终一败涂地。

不少人在现实生活中可能都碰到过这种人。他们具有极强的交际能力和极旺盛的精力，但他们的这些能力却并没有放在工作上，而是放在游说别人为自己的梦想买单上。他们活在自己构织的理想之中，却缺乏实现理想所需要的好习惯和技能。也就是说，总想做大买卖的人喜欢做大买卖，他们认为自己是天之骄子，生来就是做大事的人，他们可能掌控着大的项目，有乘风破浪、改天换地的雄心壮志，但他们却没有一个可以到达理想彼岸的可行性方案或计划。他们活在幻想的世界里而拒绝面对现实，愿望、梦想是他们的精神食粮，也是他们无限精力的来源。

大买卖追逐者的第二个特点是消极被动。依靠他们强大的交际能力和极富煽动力的演说，他们有大批的追随者，他们在追随者眼中魅力非凡、精力无限，但在他们的夸夸其谈之下隐藏的却是极低的自我评价，他们其实是自卑的，常常用极度的自信来掩饰这种自卑。他们知道自己在夸海口，心里并不认为自己有成功的资格。他们一直在做梦，而且此梦还没破灭，别的梦已经开始。具体到行动上，就是开始一项工程，还没完工就被抛在一边奔向下一项“大工程”，而他们的那些追随者就成为他们理想的买单人。

大买卖追逐者的第三个特点是自我意识强烈，不注重细节。这类人普遍认为他们比周围的普通人都要优秀，有比其他人更出众的想法，他们的想法要比现在普通人所做的事重要得多。而他们需要的只是一个伯乐或者一个机会把想法变为现实，从而扬名世界。他们渴望成功，但并不注意培养自己掌握通往成功的技能和细节，会下意识地回避通往成功路上的困难和责任。简单来说，他们很不切实际。

大买卖追逐者容易沉迷于成功的幻想当中。他们往往爱幻想成功后会如何如何，并且不可自拔。有理想、有梦想是很美好的一件事，那代表着希望和目标。但在通往梦想成功的道路上需得避免成为一个大买卖追逐者。仔细分析，可以从以下几方面对症下药。

第一，重新了解、认识自己的能力，并准确定位，从实际情况出发，找准自己的位置。

第二，养成有助于成功的良好习惯，并坚持下去。

第三，从空想中抽离，制定可行的小目标，一步一步实现，最终走向成功。

担忧型——患得患失的习惯

情景再现

林家乐是清华大学光通信专业的博士，毕业之后在一家跨国公司的光通信研发部门做研发专员，年薪以百万论。但他不过三十多岁的年纪，却已经华发早生，面目苍老。毕业五年后的同学聚会上，他的变化让读博期间的好朋友李伟吃惊不已。聚会后的谈心，林家乐对李伟倾诉了心中的忧虑。

林家乐从小聪明，学习成绩优异，是他们那个小乡村第一个考上大学的孩子，而且还是清华大学。村里的人都以他为傲，还一块儿给他凑了大学第一年的学费。他背负着全村人的希望来北京上学，大家的赞扬和期望对林家乐来说是一种荣誉，但同时也是一种责任和压力。

他怕父母失望，他怕再不能做村里人口中的骄傲。他读完本科被保研，然后又读博。在写博士论文的时候，他迟迟不能完稿，总觉得自己的毕业设计不够优秀，自己的论文不够完美，这一拖，他的博士学位延期到第六年才拿到。

他凭着优秀的学位敲开了某集团的大门。在公司里，因为外资公司的竞争激烈，优胜劣汰尤其残酷，所以他一直很谨慎小心，生怕出错。他是一个很有上进心的人，努力表现，想要竞争研发主管的职位，但是却没得到部门经理的认可，经理认为他太过犹柔寡断，做事不够干脆利索，独立性不强。

他现在患得患失的厉害，总怕哪一点惹上麻烦而遭解雇，怕失业之后没法对父母和爱人交代，怕他们失望。他每天最早到办公室，最晚走。

林家乐告诉老朋友李伟自己现在患有严重的焦虑症和失眠症。

拓展解析

案例中的林家乐其实是典型的担忧型拖延症者。在上学期间已经很明显了，从博士论文拖到第六年才完成就可以看出；到了工作期间，他的症状已经算是严重了，焦虑和失眠是拖延症引起的衰竭性生理症状。

林家乐从上学开始到工作期间，一直背负着沉重的压力，他特殊的成长背景使得他害怕辜负了乡亲的厚望，在工作上想要获得上司的认可而不得，这一切导致了他如今的状况。

不管是在生活还是工作中，我们常常会有这样那样的担忧：高考的学生会担忧要是我没考上好大学父母会不会难过；上班族可能会担忧如果这次的绩效考核不达标，领导会不会对我的表现失望；害怕失败的心理因素使得他们用拖延来应付可能到来的失败；或者因为害怕失败而努力在过程中体现自己的价值，从而造成了拖延。

担忧型拖延症者有这样一种心理假设：我做的事情反映了我的个人能力，我的个人能力体现了我的存在价值，所以我做的事情体现了我的价值。即自我价值=能力=表现，三者是等同的关系。于是，拖延者就陷入了继续拖延的怪圈，用“自我妨碍”即拖延的策略来做借口，永远不去评估、认识自己真正的能力底限在哪里。

担忧型拖延症者这种患得患失的习惯究其根源其实主要有三种：一是因为曾经犯过错招致过批评或处罚，而导致后来总是瞻前顾后害怕再犯错；二是因为无法得到自己重视的人的肯定，如师长、父母；三是害怕对自己赋予重望的人失望。

在这种焦虑之中徘徊，久而久之会造成很大危害。他们太注重周围人的感受，而忽视了自己的内心，总摆脱不了“要是发生……可怎么办”的想法，精神上容易陷入紧张状态，如坐立不安、左顾右盼等，有的还会养成咬手指的坏习惯，他们总是害怕出错，总是不断地征求别人的意见，不能独立做出决断，甚至会患上严重的心理和生理疾病。

担忧型的拖延症，我们或多或少都经历过，但怎样让这种担忧朝着积极的方向发展呢？我们可以从以下几方面来考虑。

第一，经常外出活动，放松身体和精神。生命在于运动，经常锻炼身体会使人的精神饱满勃发，处于振奋的状态。身体和精神的放松有助于压力的缓解，让焦虑和担忧远离。

第二，多与人交流沟通。俗话说，与人交换苹果得到的还是一个苹果，但与人交换思想就拥有两种思想。多与人交流沟通，在放松精神、缓解焦虑外，还可以学习请教别人处理此类问题的方法。

第三，随心而动，解放自己。不要在意别人的目光和评价，不要用理性的思想来束缚自己，让自己随心所欲一下，让自己放松自由一下，多注重自己的感受。一个人只有内心真正强大，才能对抗外来的各种压力，才能了解自己真正的价值，确立正确的目标，不为周围人所动，以行动来证明自己的决心。

拖延症到处都有，无法根除，我们所能做的是认清它的根源，并利用一切手段阻止它影响和主导我们的生活。只要我们按照自己构建的价值体系健康乐观地生活，不被它所扰，即使它还存在着，我们也能乐在其中。

叛逆型——一直想另辟蹊径

情景再现

李晓菡是建筑工程专业的一名研究生。作为导师一手带起来的六名学生之一，她是唯一的女生，按说她在项目组里应该十分吃香才是，但事实却不是这样，她是最常被批评的那个人。

李晓菡非常不喜欢自己的导师，她觉得他是一个十分专横的人。他们所在的项目组成员经常加班加点做实验，有时候正有事情，可导师一个电话过来就得无条件地赶去实验室。再加上她亲眼看到导师请学校领导吃饭，她觉得导师就是一个被金钱驱使的、万恶的剥削研究生劳动成果的资本家。

于是，对于导师布置给她的任务和研究，她总是下意识地去拖，心中有抵触情绪。这样的结果就是，她的行为将导师的项目进度远远落后于预期进度。导师对她大为光火，却又加重了她心底对导师的不满。而事后，课题组的几个同学也有意无意地疏远了她。

李晓菡的亲密朋友不多，跟她关系最好的是上铺的李玉。她经常跟李玉抱怨说成人的世界太复杂、太肮脏，真想回到小时候之类的话。

李玉有时候会笑她长不大。但这次又听她说导师因为她的工作拖延导

致整个工时进度落后的事情，听她话里话外透着一些幸灾乐祸和小手段得逞的快意，李玉不禁想要和好朋友做一番深谈。在李玉刻意的套话和开导之下，李晓菡渐渐在好朋友面前敞开了心扉。

李晓菡从小就是个很乖巧懂事的孩子，因为家庭条件不好，她小小年纪就很体谅父母，学习成绩很优异。

初二的时候，有一天班主任老师来找她，问她能不能把她写的一篇作文让初三的一个姐姐用一下拿去参加作文评比。她心里当时有些抗拒，但面对一向和蔼的班主任，柔顺惯了的她还是答应了。后来作文得了省一等奖，那位姐姐也因此中考加分顺利进入了高中。但她却对此事始终耿耿于怀。

可能从那时开始，她就拒绝长大，拒绝进入成人的世界，对看到的一些表象想当然地抨击。就比如完成导师的课题任务，她就觉得这完全是为导师干活。她所做的事情不是为自己而是为别人而活。于是，她就消极待工，用拖延来达到“报复”导师的目的。

类似的事情还有其他一些，她有时候还会对自己的这种“小小的叛逆”手段感到满足，心情愉悦。

拓展解析

李晓菡的行为在我们看来完全是一种孩子气的自欺欺人的行为。她搞破坏、要小手段并且为此沾沾自喜，自以为独辟蹊径地找到了一种解决问题的办法，孰不知这是一种病态的叛逆行为。因为在她沾沾自喜之后她并没有变得更快乐，反而使状况变得更糟，项目完不成，导师恼她，课题组的同学也埋怨她，她变得孤立，觉得全世界都不理解她。

李晓菡因为小时候的事情而有了心理阴影，不再信任大人，觉得成人的世界肮脏又复杂，这从她对导师的偏见就可以看出。她下意识地或故意地拖导师后腿，施行自己的无声反抗，这和青春期孩子的叛逆心理相像。

在做完这些以后，她可能还会觉得自己伸张了正义，很高洁、特立独行。她亲密的朋友不多，这应该与她爱抱怨的习惯和孤傲高洁的性格有很大关系，任何一个人都不会想要与一个整天充满负能量的人相处。

这类人不擅长与人沟通，因为他们总是对别人怀有敌意。他们自己做事拖拖拉拉，因为他们觉得做成一件事很难，别人会在后面出阴招儿。这也源于他们对外界环境的不信任。

叛逆型拖延症者是这样一类人：他们表面上看起来温文尔雅，而实际上却喜欢制造一些冲突或消极反抗；他们最喜欢“阳奉阴违”，言语间迎合别人，对于别人的建议或提醒看似接受，但行动上却仍旧我行我素；他们生性悲观，总觉得别人要对自己不利，不能客观公正地看待这个世界；他们有时候情绪不太稳定，攻击性很强。

拥有叛逆型拖延症的人其实绝大部分心理上不太成熟。他们虽然拥有成年人的外表，但却没有形成成年人的心智。他们不擅长社交，甚至惧怕社交。他们常对生活充满怨恨。

由于不成熟的人际处理方式，他们常陷自己于孤立之中，从而又加深自己的怨恨。他们对待工作和生活常常用拖延的手段来作为报复。这类人由于情绪起伏大，又孤立自闭，思想偏执，很容易引起神经系统的衰弱和病变。

这种类型拖延症的成因，有专家解释，一是因为儿童时期发生的一些误解，导致自己错怪他人；二是因为曾受到他人的伤害，因而对外界存有敌意。

那么拥有这种拖延症或已经有类似倾向的人如何化解这种窘况呢?

首先，要学会宽容。人要向前看，忘记以前曾经伤害过或者拒绝过你的人。人总沉湎于过去，反而会丢失了现在和未来。

其次，努力丢掉自己内心阴暗的思绪，审视自身积极的因素，敞开心扉，让别人靠近，多与人沟通，修正自己的世界观。

最后，学会爱自己。只有学会爱自己，才能爱别人。只有自己愉悦了，才会带给别人快乐。

戏剧型——恋上了戏剧性的理由

情景再现

高强一直被周围的同事和朋友们称为“奇人”，因为他总是能做到旁人看来不可能做到的事情。

高强在一家图书公司工作，经常要做跟图书配套的课件或者光盘。有一次，主管交给他一项任务，要求他在三天之内完成两本书的课件制作。这样的要求颇为严苛，因为按照平时的工作进度，三天才能完成一本书的课件制作，但高强却一口答应了下来。

高强在答应了之后却并没有立刻开始，而是不紧不慢地处理手头上的事情。处理完手头上的事情之后还帮发行部门的同事出外勤、做样书，并对作者进行家访。

高强的同事们都很担心他完不成，因为主管是个说话很不客气的中年妇女，都提醒他赶紧先把课件完成好交差，其他事情先放放也是可以的。但高强却笑着说没关系，肯定能完成。

同事们都不相信，这就剩两天了，三天还觉得时间紧，何况两天呢！高强在最后两天的时间内，连续工作了36个小时，全力冲刺，在最后的期限之前当着全办公室同事的面把做好的课件交给了主管。

虽然他做的课件并不出色，只是中规中矩，但他在最后一刻爆发出让人惊叹的战斗力并完成了不可能的任务，办公室的人都啧啧称奇，都说他太“牛”了。

拓展解析

高强在最后期限来临之前完成了任务，虽然任务完成的并不出色，但仍然受到了大家的赞叹，觉得他简直创造了奇迹。

对于高强来说。他自己应该很享受这种被注目的满足感。其实，高强本来可以在期限内按部就班地完成工作的，因为处理手头无关紧要的事和帮助别的同事，在紧急的任务面前本来都是可以推开的，但他却一直在拖延，一手制造了需要自己全力以赴、超常发挥的“紧要关头”，把自己逼到了一个退无可退的地步之后，扮演了一个把这种境况转危为安的“英雄人物”。为什么要这么做呢？

因为他有戏剧性拖延症，不这样做，他就没有什么能向外彰显自己能力的机会，也就没办法享受那种“与众不同”的满足感。

回想一下，你或你周围的人有没有遇到过类似于这样一种情况：某次课堂上老师讲诸葛亮的《出师表》，这时班上有个小子突然大声说他会背，然后在老师的允许下，他一字不差地背诵全文。然后站在那里扬扬自得地接受老师赞许的目光和同学们的惊叹和崇拜。

其实，这个同学为了今天的一鸣惊人私下里下了很多功夫，在其他学科的课上还在默默背诵课文，甚至拖延了其他学科的作业。这里其中的“你”或“你周围的人”就是戏剧型拖延症者。

戏剧型拖延症者有一种唐吉诃德式的浪漫主义英雄情结。他们喜欢别人对自己的“非常人所能及”的能力表现出惊叹和赞扬。他们总是幻想各种富有戏剧性的情节，并将自身置于其中。他们总是制造戏剧性的冲突以彰显自己。

他们整天东奔西走，看似忙忙碌碌，实际上却注意力分散，多为不知所谓的梦想家或夸夸其谈的理想主义者。他们交际能力极强，煽动性极强，常常会拖累别人陷入闹剧和冲突之中。

这类人因为难以找到生活的平衡点从而容易走极端。他们为了满足自己的戏剧性心理，常常花费大量的时间和精力来制造戏剧性的冲突，因而造成拖延，但过后却容易精力不济。戏剧性拖延症者精神压力很大，他们意志薄弱，易受到来自酒精和毒品的诱惑，以释放压力。这类人一般自杀率较高。

这类拖延症的成因多半是因为此类人在其成长的环境中身边有此类型的拖延症者或者是想以制造闹剧和戏剧性的冲突来得到他人的注意。

对号入座，你是否也是一个戏剧性拖延症者或者有这种倾向呢？如果有，那该怎么办呢？

首先，对照上文所述，看自己是否是这类型的人，如果是，就勇敢面对。

其次，面对一切都要客观。客观地为人处世，客观地评价自己的状态和行为，消除制造戏剧性冲突的可能性。

再次，对自己进行心理暗示，以积极正面的话语来肯定自己、鞭策自己。例如，要对自己说，因为工作质量完成出色而得到的赞扬，要比因为牺牲自己的健康超负荷完成工作而得到的赞叹更能让人满足。

最后，将这种畸形的、想要表现自己“与众不同”“能力超群”的压力转化为正能量，转化为对生活的激情，用一种积极的方式释放出来。

人人都不甘于平凡，人人都想要自己“与众不同”，都可能幻想过自己是一个无所不能的“英雄”，但应该用一种正确的方式来表现，而不是采用戏剧性拖延。

愤怒型——总是一味地付出

情景再现

吴敏是个博士生，她外表看起来弱不禁风，但性格却很开朗，平易近人，爱帮助人，在朋友圈中人缘很好。

但她现在却很苦恼，原因是导师交给她的课题和论文她一拖再拖，坐在电脑前总会忍不住去看网页、玩小游戏，即使很无聊，也无法把心思专注到课业上。她知道自己有了拖延症，为了不再这样下去，她决定去看心理医生。

在医生那里，医生首先要求她描述现在的工作和生活状态及时间安排。在列出了一天的时间安排后，发现她每天睡觉7.5个小时，锻炼只有30分钟，剩下的用于课业和工作的时间只有不到3个小时，其他时间零散地分布在跟别人吃饭、和朋友聊天、玩游戏以及同朋友闲逛上面了，而这其中陪朋友的时间占据了一多半。

医生要求她讲讲自己的家庭和童年。吴敏说她从小就是很让父母放心的孩子，成绩优异。从初中就开始住校，与父母相处的时间很少。她的事情父母一般很少过问，像是诸如报考学校这类的事情都是自己拿主意，因为父母很信任她。在父母心中她是一个独立、坚强、聪明能干的孩子。上大学之后，家里有大事她的父母都会跟她商量着决定。

吴敏还有一个弟弟，但从小成绩不好，一直生活在父母身边，独立性不强。她弟弟初中时，摔断了腿，全家人都很心疼弟弟，都觉得应该更好地照顾他。现在弟弟上班了，父母还每天打电话叮嘱加衣添饭之类的小事。亲戚朋友见到她都会说："你弟弟不争气，以后家里都靠你了！你爸妈那么听你的话，你就是家里的'主心骨'！"

其实吴敏心里有点抵触亲戚说的这些话，但是她也下了决心，立志出人头地，让家人活得开心。但是她现在却整天拖延，觉得自己没有做好自己的工作，没有管好自己，对父母和导师很愧疚。

医生在听完她的叙述后问吴敏是否享受这种"主心骨"的地位。吴敏说从来没考虑过这种问题，只是觉得她照顾家人天经地义。医生又问她如果有一天你失败了，再也承担不起家人的依靠，你要怎么办?

这时，吴敏问医生，既然她那么不想让父母失望，想要成为他们的依靠，自己为什么还会拖延。医生给她举了个例子：一块长五米的木板放在地上时人能很轻易地走过，但若是把它架在两幢高层建筑之间，一头是她，另一头是她所追求的东西，她会因为恐惧摔下去而对所追求的东西止步不前。她太害怕摔下去的结果，那是彻头彻尾的失败，而究其深层原因，还是害怕失败之后不再被需要。

吴敏很认同医生的话，并接受了医生的建议进行治疗。

首先，把自己的时间从一切无关紧要的事情中解放出来，学会对无关

紧要的事情说不。比如吴敏列出的一天时间表中，陪朋友聊天逛街的时间过多，当然这并不是不需要与朋友交际，而应该视自己的实际情况而定，是答应还是拒绝。认识时间的真正价值，摆脱过分给予的习惯，把这些时间用在为自己创造价值的事情上。其次，放下心中因休息而生出的内疚感，学会享受生活，在付出的同时也要接受别人的帮助。最后，放下心中对于失败和不被需要的恐惧，做最坏的准备。

拓展解析

吴敏身上具有愤怒型拖延症者的特征，愧疚、恐惧、给予，因为以上这些原因导致她的生活失衡。案例中的医生针对她的情况给予了很中肯的建议。

愤怒型拖延症者有一个最大的特点就是一味地付出，心里总是背负着一定的压力。这种类型的拖延症者陷在一个拖延的怪圈里面，他们用各种策略来拖延，但内心明白这是一种借口，所以对自身的评价也极低。

他们太过关注周围人的需求，总是与人为善，很少拒绝别人，这是他们与他人建立关系的手段。他们内心总觉得付出、给予才能得到别人的认可和称赞，为此，他们也不愿麻烦别人，任何事情都自己一力承担。他们整天忙忙碌碌，一直使自己处于不闲的状态，但事情却并没有处理多少，只是拖延，对于休息和享受等却充满内疚感。

这种类型的形成原因有两种：一是自卑，自我评价低，但又想获得别人的认可，于是觉得自己只有不断地付出、帮助别人才能达到这个目的；二是幼年时期的影响，可能从小就被迫扮演自己不喜欢的角色，或者承担着来自亲朋好友和师长强加的愿望。

患有愤怒型拖延症的人，他们一般身体都不太好，因为身心压力很大，一直主动承担很大的工作量，而容易养成不良的饮食习惯，很少有锻炼的时间；心理上因为背负的期望和责任过大而不得喘息。

身体和心理的极大负重，加上他们又不愿请求帮助，所以造成生活失调、身体素质下降，从而直接影响了工作效率，形成了一种恶性循环。

对于此类的拖延症者，除了上述案例中的一些建议外，还需注意以下几点。

第一，要保持积极健康的心态，不要过于苛责自己，应正确地认识自己、相信自己，不断地用积极的语言鼓励自己。

第二，在生活和工作上要分清主次。生活是自己的，自己首先要对自己负责，注意自己的健康。父母和爱人是人生最大的财富，其次才是学习和其他。千万不要因小失大，不要把运动和休息的时间凌驾于其他事情之上。

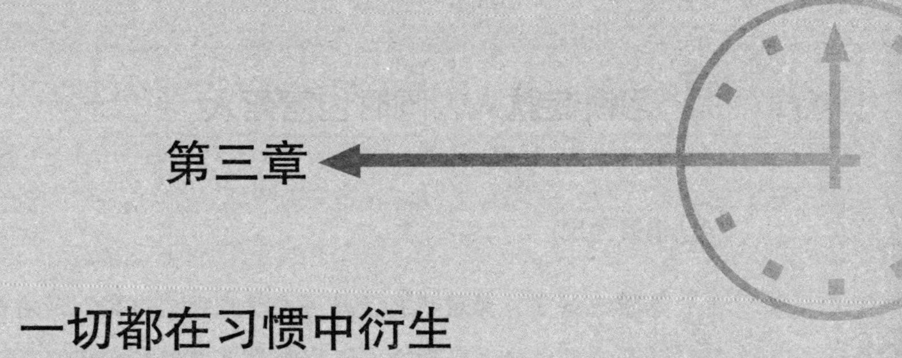

第三章

一切都在习惯中衍生

习惯造就人，同时也害死人

情景再现

李岚大四了，学校规定最后一个学期是实习期，所有学生都要参加实习，并且实习成绩也算学分。正好李岚也想锻炼一下自己，为毕业后的工作积累点儿经验，于是就准备自己在学校附近找一家实习单位。

由于李岚所在的学校比较出名，她自己的成绩也很优秀，而且学校周围有很多单位，于是李岚很快就找到了一家不错的实习单位，而且单位承诺，如果李岚做得好，毕业之后她可以直接留在单位，成为正式员工。李岚对自己的工作也很满意。

可是一个月后，公司的人事主管却通知李岚，他们觉得李岚不适合这份工作，让李岚尽快离职。李岚听到后既吃惊又觉得很委屈，她觉得公司对自己不公平，自己表现很好，为什么要开除自己。

于是她就和主管争执了起来，非要主管给自己一个理由。最后，主管很无奈地对她说，过去的一个月，李岚虽然工作完成得不错，而且和同事相处也很融洽，但是，她却几乎每天都迟到，即使没有迟到也是“踩着点儿”来公司，上班的时候玩手机，刚下班就立刻冲出办公室。刚开始时公司体谅她还没走出校门，刚参加工作没有经验，所以就让其他的老同事提醒了她一下，可是她却依旧我行我素，没有丝毫要改正的意思，于是公司觉得李岚态度不够端正，不适合这份工作。但是看在李岚这一个月工作的份上，公司还是决定发放李岚全额的实习期工资，不再扣她迟到的绩效考

核，同时为了李岚能顺利毕业，公司对她的实习给了很高的评价。

听了这话，李岚觉得自己更委屈了，因为她在学校时就是“踩着点儿”去上课的，而且上课迟到对学生来说很正常，更不用说玩手机了，老师从来没有因为这个批评过她，再说了，她又没有耽误工作，只要把工作做好，其他的不都是小事吗?

听了这话，主管很无语，他也不知道该怎么向李岚解释工作与上学的不同。最后李岚愤愤不平地离开了公司。回到学校后，李岚和同学谈到实习发生的事仍然觉得错不在己。

转眼李岚大学毕业了，凭借着高学历和优秀的实习期评语她很快就又找到了一家单位，在新单位她依旧我行我素，和实习期一样，于是很快又被单位给辞了。被辞的理由和上家单位一样。

拓展解析

毫无疑问，李岚做错了。李岚和现在的很多职场新人一样。刚开始工作时，没有积极地摆正好自己的态度，对自己没有一个清醒的认识。他们在学校时养成了懒散、消极、以自我为中心的性格，久而久之这些坏行为成为了习惯。参加工作后这些坏习惯让用人单位对这些天之骄子大跌眼镜，进而对其失望。最后他们被用人单位抛弃就不会令人感到奇怪了。

培根说：“习惯是一种顽强的巨大的力量，它可以主宰人生。”“习惯”一词，可以说伴随我们从童年走向成年。我们每个人身上或多或少都有各种习惯的影子，或者是一种行为、一句口头禅、一个表情……

习惯不仅对我们的工作、生活、事业有影响，甚至会改变我们的人生。

我们每个人都渴望成功，但成功的获得却不是偶然的。纵观古今，失败者失败的理由各有不同，成功者成功的原因也千差万别，但二者之间却有一个共同的因素——习惯。

习惯，或使人奋勇前进，或使人止步不前。好的习惯是一种坚持不懈、持之以恒的秉性，它可以历练一个人的性格，弥补自身的不足，是一个人由平凡走向卓越的阶梯；而坏的习惯和好的习惯一样，也是一种力量，它会消磨人的意志，使人变得懒散、消极而不自知，最终导致毁灭性的后果。

查尔斯·杜希格在《习惯的力量》一书中说：“行为变成了习惯，习惯养成了性格，性格决定命运。”的确，习惯就是一把双刃剑，好的习惯可能成就一个人，坏的习惯则可能毁灭一个人。人的智力是天生的，但好的习惯却是后天养成的。如何养成好习惯，摒弃坏习惯呢？

首先，要对自己有一个清醒的认识、客观的评价，知道什么是好习惯、什么是坏习惯。看清自己，拥有自知之明是自我改善的基础。中国的古话“吾日三省吾身”，说的就是这个道理。

其次，要时刻提醒自己，审视自己的行为。也许有人会说，当我能够分辨什么是好习惯、什么是坏习惯时已经晚了，因为它们已经成为了我身体的一部分，甚至在没有意识到时，我的身体已经做出了反应。

确实，好习惯不是一朝一夕就能养成的，同样坏习惯也不是立刻就能摒弃的。它们都需要日复一日的坚持与时刻的自省。好的习惯是人生的无价之宝，让我们不妨从当下做起，不断进步，收获成功。

总认为还有明天

情景再现

两年前，张静从一所名牌大学毕业了。性格活泼、开朗的她对未来充满了幻想，但由于巨大的工作竞争压力和所学专业的原因，她花费了2个月时间也没能找到一份称心的工作，最后在一家公司做行政工作。每天繁杂、琐碎的工作让她感到厌倦，同时又觉得自己是在浪费时间。

毕业一年后在和同学的一次闲聊中，李静抱怨自己工作的不如意。同学给她出主意说：不如考个教师资格证，以后当老师吧。李静听后很心动，心想：当老师不仅和自己专业对口，而且稳定。

欣喜不已的张静立刻在网上查找起了报考教师资格证的信息，于是当年7月李静就在网上报了名，报过名之后又开始买书，在网上下载考试资料，等等一系列工作之后张静就开始等待11月考试的到来。

行政工作虽然不合张静的心意，但是由于已做了将近一年，各种工作和同事都已很熟悉，所以她决定先不辞工，边上班边准备考试。买好书的时候是7月，张静计划每天下班后看两个小时的书，等考试时就差不多能看完了。

但计划永远赶不上变化，在第一天晚上，张静刚看了两页就看不下去了。此后的几天一直是一样的状况，张静也没有在意，她觉得现在才刚刚7月，时间还有很多，8月再开始看也不迟。

等到了8月，她又觉得9月再开始看吧，2个多月时间足够了。转眼到了9月，张静还是没有找到看书的状态，她又安慰自己说：不要紧，10月再开始看吧，国庆有一星期的假期，可以多看点儿。

就这样到了10月，国庆假期公司组织员工外出旅游，她看书的计划又一次被打乱了。国庆之后，张静看着自己崭新的7本教师资格证考试用书，终于意识到时间已经不够用了，最后一个月她每天加紧时间看书，但是临到考试前她还是没能把该看的书看完。

怀着一种侥幸的心理，她上了考场，但是拿到卷子的那一刻，她非常后悔，因为书没看完，所以很多题不会做。最后结果显而易见，她没能通过考试。

现在张静依旧在那家公司做着行政的工作，每天重复做同样的事情，依旧对未来感到迷茫又无助。

拓展解析

案例中的张静就犯了“总认为还有明天”的错，这种错其实归根结底就是我们自身的懒惰。因为懒惰所以拖延，因为懒惰所以错过。那么如何才能克服这种心理呢?

我在《你为什么总是错过》一书中说：“改变错过无须回到过去，及时把握当下才是最重要的。当下的努力可以补救，当下的努力可以重新开始。生命的每一个当下都是一个新的起点，把握不好，就又上演一轮错过。”

“把握当下，立足今天”就是解决“总认为还有明天”最好的武器。今日事今日毕，不把今天该做的事留到明天，不为自己的过错找借口，不纵容自己的懒惰，对自己的目标坚定、不怀疑。只有这样才能真正实现自己的理想、抱负，也只有这样才能使自己这艘承载着梦想与希望的小船驶向成功的彼岸。

春节联欢晚会上一曲《时间都去哪儿了》唱哭了很多人。正如歌曲中所唱的：时间都去哪儿了，还没好好感受年轻就老了。我们总是在感叹时光的流逝，岁月的无情；我们总是在失去时开始追忆，在错过后开始后悔。于是我们就在不断的自责与悔恨中反复品尝失败的苦果。

似乎我们每个人都曾说过这样一句话：“急什么，我明天再做！”就这样今日推明日，明日复明日……最后该做的事情也没有做，白白浪费了大好时光。为什么会出现这种情况呢？究其原因，我们总觉得时间还很多，明天再做也不迟。上学的时候老师布置的作业，总是要等到交的时候才开始写；工作后领导安排的任务，总是要等到最后时刻才想起要完成……

“还有明天”似乎成了我们懒惰的最好借口：书明天再看，作业明天再写，工作明天再做……

殊不知我们的生命就在这“明天又明天”的拖延中一点点地浪费了。

《天下足球》系列中的《绝对巨星》在讲到罗纳尔多时有最经典的

一段解说词：岁月，你别催，该来的我不推。岁月，你别催，走远的仍要追。当不得不说再见的时候，挥别的那一刻就如同流水的光阴，谁能抵得过？谁能叹息？奈何！

李宗盛在《给自己的歌》中唱道："等你发现时间是贼了，它早已偷光你的选择。"确实，我们总是以为时光还很长，却不知匆匆流过的时光给我们开了一个最大的玩笑，当我们想要珍惜时，它已溜走。溜走的时光不仅带走了我们的青春，给我们留下了岁月的沧桑，同时带走的还有我们的梦想，留下了遗憾。

想到达明天，现在就要启程。不要让"明天"成为你前进路上的障碍。把每一天都当作生命的最后一天，去过得充实而有意义。

习惯成自然的自责

情景再现

李炜出生于一个幸福的家庭，他父母老来得子，双方都是独生子女，只有他一个孩子，所以在家里备受宠爱，可以说是"含在嘴里怕化了，捧在手里怕摔了"，家里人对他百依百顺。

小李炜长得很是可爱，人也特聪明，嘴巴特甜，街坊邻居都说李炜父母把孩子养得好。李炜父母听到邻居们的称赞很是开心，越发疼爱李炜了。

转眼李炜到了上幼儿园的年纪了，李炜父母也和周围邻居一样，把李炜送到了家附近的幼儿园。一天，李妈妈在收拾东西的时候，在李炜的小书包里发现了一块儿"熊猫橡皮"，李妈妈感到很奇怪，因为她从来没有给李炜买过这样的橡皮，但是她也没在意。之后她又陆续地在李炜的书包里发现了自动卷笔刀、小发卡等很多不属于李炜的东西，于是她问李炜东西是哪来的，李炜就说管同学借的。

老师家访的日子到了，李炜的父母很重视这次家访，因为这对他们来说是第一次，他们在家很热情地接待了老师，在聊过李炜在幼儿园的表现后，老师很为难地说，她发现李炜偷同学东西。李炜的父母听后很不以为然，他们觉得老师太小题大作了，孩子还太小，那只是他觉得好玩，借同学的而已。老师看和李炜的父母说不通，就很无奈地不再提这件事了。

上小学后，李炜的成绩很优秀，父母很开心，他们觉得李炜以后一定会有个好前途。一天正在上班的李妈妈接到李炜班主任的电话，让她去学校一趟。李妈妈以为李炜出了什么事，匆匆忙忙地赶到了学校。

到学校后，老师对李妈妈说，有同学向老师反映李炜偷他们的东西，李妈妈一听很生气，她立刻把李炜叫来问话，李炜矢口否认了，但是在李炜的书包里，李妈妈却发现了不属于李炜的东西。

回到家后，李妈妈把事情告诉了李爸爸，他们两人一起教育起了李炜。李炜看到父母一起责备他就哭了起来，他一哭，李爸爸李妈妈就心疼了，开始安慰李炜，承诺给李炜买他想要的玩具。安慰好李炜之后，李爸爸李妈妈又觉得老师太不近人情了，孩子难免都会犯错的，李炜只是拿了同学的一点儿小东西而已，又不值钱，用得着批评孩子吗，大不了他们赔钱不就得了。

为了不给李炜留下阴影，他们决定给李炜转学。这次他们花了很多钱，把李炜送到了一个更好的学校。没过多久，李妈妈有一次被叫到了学校，还是相同的原因——李炜又偷别人的东西了。李妈妈赔过钱之后，又给李炜转学了。短短一年，李炜因为相同的原因转了三次学，但是忙于工作的李爸爸李妈妈依旧没当回事。

直到有一天，李妈妈发现她放在钱包里的500块钱没了，她才开始意识到问题的严重性，但是为时已晚，李炜已经养成了偷东西的恶习，父母管也管不了他了。

拓展解析

俗话说："从小偷针，长大偷金"，一件坏事纵然很小，若不及时改正，慢慢的，当行为成为习惯，小事也会变成大事，小事也会造成恶果。"勿以恶小而为之，勿以善小而不为"说的就是这个道理。

有这样一个笑话：一家小酒馆，主人贪图小便宜，为了多盈利，卖的酒中都会掺水。一天，酒馆老板中了奖，发了一笔意外的横财，他决定不再卖掺水的酒了。这天，酒馆来了两个常客，老板很殷勤地拿出没有掺水的酒招待他们。两个常客喝了一口之后很生气地把老板喊了过去，问老板为什么卖给他们假酒。老板很吃惊，给他们解释说不是假酒，但是客人不相信，最后没办法，老板只好又往酒里掺了水拿给客人。客人喝了掺水的酒很开心，说这才是真酒。

客人因为习惯喝假酒，所以已经分辨不出真酒了，想想这是多么可怕的习惯啊！

生活中我们常常会看到这样的人，他们出口成"脏"，随手乱扔垃圾，随地吐痰，别人对他们的行为很厌恶，他们自己却不自知。这样的人，他们往往长期处于不良的环境中，整天接触不良行为的腐蚀，久而久之，耳濡目染，也养成了这些坏习惯，于是在生活中他们不自觉地就把这些坏习惯展现出来了。

中国有句古话："少成若天性，习惯成自然"，说的就是人在幼时养成的习惯，就像人天生固有的一样，很难改变。由此可见，习惯对一个人的影响有多么的巨大。

好的习惯能够幻化成人自身的一种气质，它助人成功；坏的习惯就是一块黑幕，掩盖掉人自身的光华，使人误入歧途。

好习惯使人受益终身，坏习惯使人一生受累。所以，对我们每个人而言从小养成良好的学习、生活、思考的习惯对我们成人、成才至关重要。也许好的习惯没有让你成就一番轰轰烈烈的大事业，但平常生活中养成的良好习惯，对人对己都大有裨益，它让我们拥有一种积极向上的生活态度，热爱生活，享受生活。

拖延症更是如此，一旦习惯成自然，在不积极去修正的情况下，时间越长，越不容易改变。

小拖延铸造坏习惯

情景再现

李幸福由于生性开朗，大学期间积极参与社团各项活动，参加校园演讲、歌曲比赛，并获得不俗成绩，曾多次获得“优秀学生标兵”称号。

偶然的一次机会，他参加了一个关于红酒文化的知识讲座，从而对红酒产生了浓厚的兴趣。毕业回到郑州后，他非常中意于能做一名红酒品鉴师，为此他还专门报名参加了品酒师认证证书培训班的课程，并顺利过关，取得职业证书。

他原本以为凭借着自己掌握的丰富的专业知识可以轻而易举地找到一份红酒品鉴师的体面工作。谁知，很多红酒企业和公司并不急需所谓的红酒品鉴师，他面临着英雄无用武之地的处境。

想来想去，就业形势如此严峻，也容不得自己挑三拣四，李幸福无奈之下，只得转而求其次，由于出众的口才和自信稳健的外表，他又顺利谋得一份图书渠道开拓的工作。因为不是自己中意的工作，李幸福做起来感觉十分吃力，工作进度异常缓慢。

“我也不知道怎么回事，每天早晨上班，总得给自己找点别的事做，才能慢慢地进入到工作状态。”有时，一天下来，李幸福只打了几个业务电话，很多该做的工作都没有做。明知道有很多销售报表没有完成，还有很多情况需要分析、总结，又有很多开拓计划要撰写，但他就是提不起精神做这些工作，并且一拖再拖。

“我通常都是赶在经理将要发火的那刻，才慌慌张张地把任务赶出来。后来，我发现自己不是不喜欢这份工作，而是有一种拖延的心理在作怪，能推就推，能拖就拖，所以潜意识里用各种各样的借口来反抗这种‘命运’的不公。”

后来，李幸福承认自己不是不知道，这种拖延心理是一种不好的工作习惯，但就是下不了决心加以改变。经理曾多次提醒他工作态度有问题，他自己也曾警告自己，但就是难以持久。比如，他也明白做事拖延是在浪费生命，明明很想改变，可一到实干的时候，就会忍不住拖延起来。“因为我的拖延，造成自己工作热情低，销售业绩始终不太好。”

拓展解析

职场中的拖延者们在接到上级安排的任务后，脑海里闪现的第一个念头往往不是想方设法把工作尽善尽美地完成，而是千方百计地推迟、拖延，甚至敷衍了事，以便不影响自己下班后参加同学聚会、赶上最后一班车……还要让领导体谅自己、知难而退，再宽限两天，对此事不了了之。“明天再做吧！”是他们的高频率口头禅。明天永远无法把握，能把握的永远是今日，是现在。

作为职场人，回想一下你在工作中是否有这样的感觉：本来计划好的事情一拖再拖；上级安排的任务不到最后一刻根本不着手准备；每天似乎都在疲于应对各种紧急事务，总感觉时间不够用；每项工作都想整点开始，一点半、两点、两点半，却迟迟无法动手；越重要的工作往往拖延得越久，待领导真正追问起来时，自己不是还没动工，就是工作还没做完，抑或一拖再拖，手忙脚乱，最后索性敷衍了事，不求无功，但求无过。

此时此刻，你可能已经患上了“职场拖延症”！如果当事人继续听之任之，久而久之，则有可能养成根深蒂固的拖延习惯。

例如，不求进取，得过且过，安于现状，能拖就拖，急事拖慢、慢事拖无，最后自己当初的创业或工作的热情消磨殆尽，内化为思维定式，好像世界上没有所谓的大事，即使上司急得火烧眉毛了，自己这里还是“不管风吹浪打，胜似闲庭信步”，最终的工作绩效和发展结果就可想而知了，到那时你想要彻底改掉这种毛病，就绝非易事了。

古人云：“千里之堤，溃于蚁穴。”任何重大灾难、祸患的发生都不是一日促成的，绝对经过了日积月累、天长日久的酝酿、无视，以至于终有一日，情形恶化到一发不可收拾的境地。同理，任何不良习惯的养成也都不是一朝一夕的事，而是经过了潜移默化、耳濡目染甚至熟视无睹，最后内化为习惯，习惯成自然。

难道就没有克服拖延习惯的方法了吗？答案显然是否定的。

第一，工作有先后，主次需分清。工作中肯定会有一些突发性强和迫切需要解决的问题。工作高效率者往往花时间做最重要而不是最紧急的事情。

这里需把所有的工作分成急并重、重但不急、急但不重、不急也不重四类，并且合理安排时间，依次完成，不要胡子眉毛一把抓，切忌三心二意、半途而废。例如，你在平常与同事交谈时不一定要字斟句酌、思虑再三，但是呈交上级的计划书、报告等，就要细密周详了，最起码不能错字连篇。同时，在制定工作要求或目标时不能贪多、贪杂，制定自己喜欢且能胜任的目标，然后利用自己的各种能力、资源来达成。

第二，今日事今日毕，不要预留过长时间。从日常的每一件小事入手，今天能完成的工作，不要拖到明天；如果有大把时间做事，就不要在最后期限才开工。以推迟的方式逃避执行任务或做决定，是一种自我阻碍和功能紊乱行为，不仅影响工作效率，更容易影响个人职业发展。

研究发现，花两个星期能完成的工作千万不要预留四个星期，因为有时工作时间拖得越长，工作效率越低。此外，在工作时要消除干扰，如关掉QQ、音乐、视频等，将一切会影响你工作效率的东西统统关掉，全心全意去做事。

第三，确立职业目标，纳入职业发展规划。在参加工作之初，就要有清晰的职业发展规划，要确立职业发展目标，学会把工作、职位融入到人

生职业发展规划之中，切忌在不同行业之间频繁跳槽，得过且过。

如果你希望自己今年在哪方面有所突破，那就遵循这一目标去做，做出系列作品或成绩，从而使自己的能力与水平得到切实提升，循序渐进，步步为营，从而踏上职业发展的高峰。

是拖延还是懒惰

情景再现

小张和小李是大学同班同学。这两个人是形成鲜明对比的特例。小张从小就品学兼优，高中被保送进了这所重点大学。小张在大学期间依然保持着高三学习的劲头，两年之内就修完了大学本科课程的全部学分，现在大二下学期已经着手准备考研。

小张的心态很放松，他做好了复习计划，每天按部就班学习。他没有什么心理负担，因为这次只是一次尝试，考不上也可以明年再考。

小李则是一个从小让老师头疼的学生。小李自制力较弱，从小到大的功课都得有人看着才能完成。不过，小李人很聪明，尽管对学习不太上心，但还是以吊车尾的分数考上了这所重点大学。到了大学，小李故态复萌，且迷恋上了网络游戏，常常逃课，老师点名经常不在。老师布置的论文能拖就拖，有时候实在拖不过去了就东拼西凑草草了事应付老师。为此，小李经常被各科老师批评。

期末考，小张以优异的成绩获得一等奖学金，而小李则有两门专业课不过而被迫补考。只有一次补考机会，如果再不过，那么他的毕业证可能就拿不到手了。小李痛苦地把电脑先搬出了宿舍一阵子，强迫自己复习功课以备补考。

而这时的小张呢，同学约他去滑雪。他略微犹豫了一下，虽然考研很重要，但也不能一味地只知道学习，可以先从考研题海中偷个懒放松一下，于是就答应了同学的邀约。

于是，小张和小李这两个同学，在寒假之前的一周，一个埋头啃书，一个悠哉滑雪。

拓展解析

究竟什么是拖延，什么又是懒惰呢？从案例中可以看出，小张的行为可以算作是偷懒，而小李的行为是很明显的拖延，并且已经尝到了自酿的苦果。提起拖延，小张的回忆可能是滑雪、欢笑、轻松和惬意；而对于小李来说，他的回忆就是离开电脑游戏的痛苦、被老师批评的郁闷、考试失利的挫败以及准备补考的煎熬。但显然，小张理解的“拖延”就等同于懒惰。

拖延还是懒惰，这并不是两个概念泾渭分明的词语，从某些方面讲，两者之间存在着必然的联系。

前面讲到，拖延症有各种各样的类型，它们源自不同的心理情绪，恐惧、希望、回忆、内心感受、怀疑与压力等。人们利用拖延来达到逃避不舒服感受的目的。拖延还有一个根源就是对时间的预期，人们常常预期不稳定而与时间产生矛盾。

懒惰，根据字典意思是指人懈怠、缺乏行动欲望，好逸恶劳。综合分析，拖延和懒有交集，但并不等同。懒惰有缺乏动力这一层意思，但缺乏动力并不构成拖延，因为它并没有造成消极的后果，反而可能会是一种保护。只有当一件事不得不做或者早做更有利时，“懒”造成的后果才算是拖延。而且，拖延的原因也不限于懒。

所以，懒惰在大多数情况下，只是人的一种自得其乐的状态，只有在其造成消极后果的情况下才能称为拖延。

那么，拖延的人怎么知道自己是在拖延呢？该如何辨识真正的拖延呢？

要弄清你是否具有拖延症，有一个办法就是看它是否给你造成了困扰。有些事情被延后，是因为拖延者有更重要的事需要去处理，比如第二天要交的报告比缴电费重要，那么缴电费就可以延后一下。

另外一些则是造成了严重后果的拖延。这些拖延可以带给拖延者压力和痛苦，比如案例中的小李，他们会自我批评、自我谴责甚至产生绝望。这是拖延者必须要进行防备的。

当然，可能会有一些“天性乐观主义者”，他们对所有事情都不在乎，用一切可用的方法来转移对拖延的注意力，并乐在其中，这就不是我们所讨论的范围了。总之，拖延不能简单地说等同于懒惰，两者是有区别和联系的，只有真正识别出了什么是真正的拖延，才能究其根源进行预防和纠正。

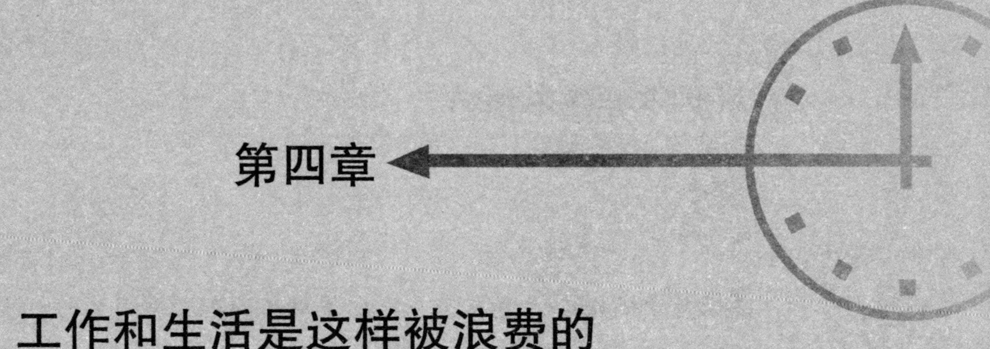

第四章

工作和生活是这样被浪费的

计划不完善不执行

情景再现

高林大学毕业后，进入了一家中等规模的民营公司工作。在大学期间，高林就是一个对待学习非常认真的学生，在进入公司之前，高林就暗自下定决心，一定要以最好的工作业绩来证明自己的能力。

高林先是熟悉了一段公司的工作流程，随后不久便正式进入工作角色。部门经理对毕业于名校的他也非常重视，正好手头有一份比较重要的工作任务，于是就交给平时做事认真的高林去做。

这项工作任务原本计划的时间是十天，可是一直到了第七天，部门经理看到高林那里还没有一点动静，按常理这个时候就应该展开行动了，客户虽然给予的时间很充裕，但是如果再拖延下去时间上就会来不及。

又等了一天，部门经理实在忍不住了，于是直接走到高林身边询问情况。面对经理疑惑的目光，高林连忙把工作计划书递给了经理。经理细心地翻看了一下，一边点头一边称赞道："你的计划很好，考虑问题很全面，按这样的安排实行绝对没有问题，但是你为什么一直不付诸行动呢？"

高林赶忙辩解道："我反复修改了好几天，感觉还有一些地方不是太令人满意，我想您再给我一天的时间，我会把它做得更为完美。"

职场经验丰富的经理看出了高林的症结所在，他语重心长地对高林说道："一个人做事认真是好的，但是过于追求完美，这样反而耽误了正常的工作进度，即使你感觉有不合理的地方，我们在做的时候也可以看情况适当地加以修改，但是客户的合同日期绝对不能耽搁啊！否则这就是最大的不完美。”

听了经理的一番教导，高林也感觉自己准备的时间实在是太长了，幸亏经理立即调来了其他的人手，加班加点帮着他在最后时刻完成了任务。

拓展解析

高林工作如此认真，为什么还受到了经理的批评呢？

原因很简单，高林的这种行为就是职场中追求完美主义一类人的典型表现，永远对计划感到不满意，也永远处在不断地修改和自我否定中，而实质性的工作却没有开展一星半点儿。

如果不是经理看到情况不对，亲自过来催促他，不知道他这样的准备工作还要拖延到什么时候？也许在他的这种耽搁下，最后还需要公司重新和客户约定交付日期，但如果这样做了之后，一定会给公司的形象和声誉带来严重的负面影响。

仔细观察生活，我们会发现身边有许多人在做事情的时候喜欢去追求完美，这样的例子举不胜举。例如有时候这件工作任务和自己无关，但是当别人做的时候，就会忍不住指手画脚，总觉得对方工作中有什么地方出了差错，非要按照自己的思路去办才能放下心来；或者去商场购物的时候，面对促销人员的讲解、介绍毫不理会，一直依照自己心目中的标准去寻找最适合自己的商品，寻找到了会喜不自禁，寻找不到则会郁郁寡欢，接着会去下一个购物场所继续，不达目的誓不罢休。

上面这些例子中人们的行为就是刻意追求完美。这些人是完美主义的忠实拥护者，在他们的人生信念中，事情要么不做，要做就要做到最好。一旦达不到他们所要求的目标，那么就会出现烦躁、生气、内疚等负面情绪，怒气写满整个面孔。

具体到工作中更是如此，职场中很多人将完美主义奉为圭臬。在做一件事情的时候，为了达到自己理想中的最佳效果，常常会翻来覆去地制订周密的计划，晚上睡觉也在想着怎样去改动既有计划。有时候到了最后实施的关头，因为计划中一点小小的瑕疵而推翻重来，耗费再多的精力和时间也在所不惜。目的只有一个：宁缺毋滥，感觉不完美坚决不做，非要达到最佳的效果才能把悬着的一颗心放下来。

所以那些过分追求完美主义的人士，常常让自己的精神世界充满无限的压力，最后变得烦躁不安或急功近利，严重者会出现自我封闭的病症。

工作中把事情做得尽善尽美固然是一种负责任的表现，但是也应该看到，完美主义更多的时候其实是人们的一种心理上过分强迫的幻觉而已，是一种乌托邦式的假想。世界上从来没有十全十美的事情，任何事物都分为正反两个方面，就像纯粹的光明就是黑暗的道理一样，做事一旦过了头就会产生反面的效果。

所以说，完美不是“吹毛求疵”，也不是“万无一失”。患得患失将使自身的精神背负沉重的压力，越是担心做得不完美，越是感到无从下手。可以说，一个人一旦身陷完美主义的“牢笼”中，这个人就会失去活力，工作中也将会面临举步维艰的局面。因而我们要破除这种思想的束缚，对自己树立起强大的信心，养成乐观、向上、积极的心态，从而使自我在职业生涯中沉着从容、游刃有余。

小问题耽误大事情

情景再现

常昊是一家营销公司的员工，公司日常接待任务比较重。有一阵子主管非常忙，于是将即将召开的客户会议的筹备工作交给了他，嘱咐他要又快又好地完成任务，有什么事情可以和他及时沟通。

常昊做事也极其认真，会议筹备的工作千头万绪，时间地点、会场布置、人员筛选、请柬发送，这一系列工作让常昊忙得昏天黑地。

过了几天，主管看见常昊忙里忙外，从时间上推算各项工作应该基本上就绪了，于是就顺便过来检查一下他工作的进度。一番检查过后，主管发现了一个大的问题，常昊竟然还没有向参会人员发出邀请。

看到这个情况，主管急忙向常昊询问原因，常昊此时还不以为然地辩解道："我觉得应该把会场布置好之后再发请柬也不迟，客户来这里应该很方便的。"

主管听了之后哭笑不得，批评他说："我们这次不是召开内部会议，客户是我们最主要的接待对象，会场布置得再好，客户没有通知到也是白费力气。同时我们还应该想到，客户需要有一定的准备和安排时间，不是说接到请柬说来就能来的，务必要留给对方富裕的时间，使他们能够安排出时间来参加我们的会议。所以筛选客户和通知到位这项工作才是最主要的，确定了参会的人数，我们的工作安排才有重点和目标，这样其他的事情在这项工作落实之后便可以从容进行。你这是犯了本末倒置的错误啊！"

在主管的督促和指导之下，常昊赶快扭转了工作方向，迅速地通知与会人员，确保了会议的如期召开。

拓展解析

从案例中看出，常昊对待工作的责任心很强，并没有刻意地逃避偷懒，但是他还是受到了主管的批评，原因是什么呢？

其实梳理常昊的工作思路就会发现，尽管他尽职尽责地去积极完成布置下来的任务，然而很显然，他的一切努力并不在工作的重点上，而是在无关紧要的问题上耗费着时间和精力。

身为公司的一员，首先要明确工作任务的性质，这次既然是营销会议，客户工作这一块自然是重中之重。确定参会人数，将会议的时间地点及时地通知到位，这样便会使客户提前做到心中有数，然后合理地安排自己的行程，如此才能保证会议的正常进行。离开了这一点，其他工作做得再好，到时没有客户前来参会，岂不是竹篮打水一场空吗？

俗话讲“好钢要用在刀刃上”，这句话的意思就是将最优秀的资源配置在最需要的地方。做工作尤其要明白这样的一个道理，从宏观上去把握事物发展的方向和大局，然后以此为中心有条不紊地开展工作。反之，如果一遇到新的任务，不去分析，不会思考，只知道手忙脚乱地四处出击，虽然付出了不少的努力，但是由于工作不分主次，犯了“眉毛胡子一把抓”的错误，势必难以出色地完成上级布置下来的任务。从这个意义上说，做工作抓重点、抓实质才是关键的所在。

我们在评价一个人的时候，采用的方法就是看对方的主流和大方向，如果在这些地方这个人表现很优秀，那么就可以对其人做出一个科学公正的评判了，至于他生活或其他方面的细枝末节倒是无关大局，这也是用人高手的重要择人原则。古语讲“不以一眚掩大德”就是这样的道理。

看人用人如此，读书学习也蕴含着相同的道理。三国时诸葛亮博学多才，被时人誉为“卧龙”，可谓声名远播，这一切成就的取得都与他孜孜不倦的好学态度有关。许多人认为诸葛亮读书一定非常认真细致，于是就此问题进行讨教的时候，他却给出了一个令人意向不到的答案：“读书只观其大略。”

这句话传递的意思就是他只看书中的主要内容，在具体的字词上不去过多地考究分析。他的这种读书方法也是一种看大流、着眼于宏观的学习策略，抓住书中所要表达的中心意思就可以了，关键在于自己的融会贯通、灵活运用，死读书、读死书的人常常最难学有所成。

同理，做工作也是如此，当我们手头上有了一件工作任务时，我们要分析其中的难度，然后制订计划并开展准备工作，最后齐心协力将任务圆满地完成。这样做是一个正常的工作流程，具体工作时从宏观入手，把握住任务的大方向就行了。然而在实际工作中，常常会有这样一种人：他们在做工作的时候往往纠缠于细枝末叶之中，而忘了工作的重心和大局，最

后的结果可想而知。这种人做事非常认真，责任心也比较强，但是忽略了事物的主要矛盾，只在小问题上做“文章”，表面上看起来工作做得很多很辛苦，其实一事无成。

这就像领兵打仗一样，当前的主要任务是轻装出击，这时候就不要计较辎重等物资了，仗打胜了自然会有一切，如果一味地纠缠于小问题不放，这也不是，那也不是，最终会让自己错失良机。

谁在伤害你的生活

情景再现

小张是一家电子公司的员工，在加入电子公司之前，期间他也经历了无数的跳槽，因为他每一段工作都不能长久地干下去，感觉没意思就立即寻找一份新的工作，很少有某一种职业可以激发他的兴趣。

在电子公司工作也是，小张依然抱着以前的思想和态度，拿着混日子的态度来对待手头的工作。在他的观念中，反正是每天到点下班，工资一分钱不少，为什么要额外付出自己的精力呢？

在这种思想的指导下，小张的工作态度非常消极，遇到有工作任务的时候，他采取的方式就是能推就推，能拖就拖，要么就浑水摸鱼，跟着别人后面分享一份功劳，很少去积极主动地争取工作任务，更别说沉下心来忘我付出了。

很快到了年底，和他一起来的同事加薪的加薪，升职的升职，就是小张依然是原地踏步，没有任何长进。但是小张却不反思自身的行为，反而认为这是公司领导对他有成见，故意不给他升职加薪，一肚子怨气的小张立即去找领导评理。

看见小张难得一次主动上门，领导也很干脆，开门见山地说：

“我正想和你谈谈入职以来你的工作表现。如果实在不行，公司决定将你辞退。”

小张一愣，想不到领导这么“绝情”，刚要去辩解，领导用手势制止他之后说道：“你平日里的工作表现大家都看在眼里了，和你一起进来的同事都得到了升职和加薪，而你却原地不动。原因很简单，你从来就没有积极主动地工作过，可能你感觉这样占了一些小便宜，实际上是害人害己，白白浪费了大好的时光不说，再如此下去，个人事业和前途的大门都将为你关闭。”

小张被说到了痛处，脸上不由露出了尴尬的神色，领导看了他一眼继续说道：“做人要对得起自己，为别人工作其实也是为自己的人生发展开辟道路，工作中应当树立起积极主动、勇于承担的态度，用业绩来证明自己，否则一事无成，最后究竟是谁吃亏了呢？这笔账看来不难算。”

拓展解析

从案例中小张的表现来看，他头脑里面尽是一些小聪明，对待工作拖延推诿，从来没有积极进取的精神，又怎么能够获得领导的青睐呢？

领导对小张的规劝也入木三分，深刻地指出了他难以升职加薪的根本原因所在。当然，升职加薪还是次要的，最主要的地方就是小张用这样的消极态度来对待工作，其实是对自己人生一种不负责任的表现。在推诿扯皮之中浪费了大好的青春，如果不能幡然悔悟，一直这样下去，可想而知他的人生会是怎样的一种结果。

从小张身上我们也要反思，生活中的自己是否一直抱着一个乐观向上的态度来对待我们的工作呢？我们的生命也是否因此过得充实而有意义呢？人们只有在自我反思中才得以发展进步，有所为有所不为。相信一个遇事主动、工作积极且勇于担当的人，一定能把自己打造成一个职场中的精英分子，成为上级眼中的“宠儿”，为个人事业的发展开辟一条宽广大道。

曹操在《短歌行》中曾这样写道："对酒当歌，人生几何；譬如朝露，去日苦多。"作者在这里发出了人生苦短的兴亡之叹。人生短短数十年，就如雨露秋霜一般，在时间的长河里不过是短短的一瞬，但是短暂也要有烟花般的美丽，于是在生命的哲学层面上就有了这样一种思考：如何才能积极地让人生充满意义并活出自己的价值呢？

这个问题相信很多人都曾苦苦地思索和探求过。然而现实是，人们总是在抱怨，每天上班下班、工作生活，一天二十四个小时往往在不知不觉中悄悄溜走，志向和理想像雾中之花一样，远不可及，想要努力却无从做起。某一天的早晨醒来，突然发现自己已经步入了不惑之年，然而我们的生活却仍在原地踏步，不由感叹时光的匆匆脚步，无声无息带走了许多曾期许了无数美好的光阴，那么时间都到哪儿去了呢？

时间都去哪儿了？或者进一步说，谁偷走了我们原本并不多的时光，谁又在暗中伤害了我们的生活呢？其实静下心来仔细回想，时间是最为公平无私的，它不曾多给人一秒，也不曾少给人一分，每个人的生命之光总是在最精密的时间机器中不停地向前运转，没有分秒的差别。这就是时光老人，童叟无欺而又冷酷无情，关键在于我们怎么去把握它。

如果我们利用好了大自然所给予个人的光阴，那么就可以在有限的时间内做许多有意义的事情，进而出人头地，踏上成功的顶峰，然后去领略人生的盛景；反之，我们每日浑浑噩噩地生活，做一些连我们自己都不知道有什么意义的事情，抱着得过且过、当一天和尚撞一天钟的态度，任凭大把的时光从指缝之间悄然溜走，这样等到自己垂垂暮年的时候，才发现自己这一生一事无成，这时再去懊悔光阴的无情又有什么用呢？

拖延让生活一团糟

情景再现

李莉是一家杂志社的编辑，生活中的她就是一个爱拖延的人，许多事情往往不到最后的时刻绝不会动手去做。当然，她把这种性格也带到了工作中，每当主任交代看稿子任务的时候，李莉总是一副成竹在胸、不慌不忙的样子，想着距离交稿子的时间还早，于是暂且把这件事情放在一边，然后把节省下来的时间都用在了其他地方，每日尽情地活跃在各大网络论坛上，看看八卦新闻，了解一下最新的时事动态，无聊的时候再和同事们聊聊彼此的心得体会。

就这样，看稿子的事情一直被她无限期地拖延下去，等到了主任再次催促的时候，李莉这才慌里慌张地将手头上的稿子大致处理一遍，这时已经是截稿的最后时刻了。很明显，李莉这种工作态度对她所把关的稿子质量有着严重影响，好多次都是因为稿子出现了问题而受到主任的批评，但是主任的批评归批评，下次同样的现象依然会出现，就这样往复循环，多次的工作失误并没有让李莉从内心深处去反省自己的不当之处。

一次杂志社有临时的编排任务，正好那天下午李莉临时有事请了假，但是有一篇重要的稿子还在李莉那里压着，主任赶快让人给李莉打电话询问稿子的进展程度，实在不行就让她抓紧回来加加班弄出来。然而令人大跌眼镜的是，李莉的电话竟然欠费停机了，一时间联系不上，这次可真让主任动了怒。后来费尽周折联系上了她，然而这时距离发稿的时间也不多了，不得已临时换了另一篇稿子才算解决了问题。

主任为此雷霆大怒，询问具体原因。原来李莉的手机话费早已不多了，但是李莉一直不当一回事，想着有时间就去交一下，根本没往心里去，谁知欠费停机以至于在关键时刻找不到她，事情就这样被耽误了。这一次主任没有再去简单地批评她，而是让她停职自我反省半个月，什么时候想通了什么时候再来上班，希望以此让李莉痛改前非。

拓展解析

案例中的李莉一直把拖延当作习惯，什么事情都抱着一种满不在乎的态度，最后终于让自己因为一次小小的拖延而闯了“大祸”。如果她能从这次事件中吸取教训最好，如果不能，那么日后她还会在这个问题上栽跟头。

明日复明日，明日何其多？然而生活中像李莉这种人还有很多，他们在一天天的等待和荒废中耽误了生活和工作中许多本应该及时去处理好的事情，什么事情都被他们搞得一团糟。虽然有时候工作做不好内心也有一些内疚感，但是强大的拖延惯性推着他们继续在错误的轨道上前行，只有当事情确实造成了不可挽回的失误时，才能给这些人一点点的警醒。

生活中，很多人做事都有拖延的症状，这样的例子举不胜举。上学时老师布置了家庭作业，说是要明天早上交，可是实际情况常常是玩了小半个晚上才想起作业还一点没动，于是慌慌张张地熬夜将作业草草做完了事。家里的水电费该交了，但是迟迟不见行动，想着日期还早着呢，到时候抽出时间一会儿就可以办理好，最后的结果往往是等来了催费通知单，上面连带着还有所要缴纳的滞纳金，这个时候人们才想起事情已经到了非办不可的地步了……

生活中如此，工作中人们也会把这种拖延的作风延续下去。领导安排了一定的工作任务给某人，这个人在最初的时候并不以为然，想着距离工作任务完成还有充足的时间，不用急于一时。在这种思想的指导下，他总是把工作任务一拖再拖，内心也一直有个小小的声音在安慰自己：不急，大不了明天做也不迟，反正距离最后的期限还有好几天，到时候实在不行加加班就可以了。

不难看出，拖延的现象在生活中无处不见，处处可以看到这些人的身影。从人性的角度分析，拖延是一种病症，很多事情等到最后关头才想起来急急忙忙去做，于是造成许多疏漏和遗憾，事后还需要想法设法地补救，造成精力的重复投入，在手忙脚乱中让自己的生活和工作一团糟。

不言而喻，拖延这种人格的病症一旦形成，它还具有强大的惯性，人们很难去改变。在这样的状况下，生活中许多原本很小的问题，在无休无止的拖延之下，最后会演变成难以解决的大问题，解决事情最佳的时间和条件都失去，只能以高昂的代价来补救了。古语“一趾之疾，丧七尺之躯”说的就是这个意思，小问题不处理，最后反而酝酿成难以挽回的大错。

你有选择恐惧症吗

情景再现

宋玉这一段时间遇上了烦心事，原因是他要在工作和考研之间做一个抉择，也就是选择未来几年的人生道路应该怎样走。考研是宋玉的一个梦想，但是当年毕业的时候限于家庭条件的约束，宋玉先是找到了一份工作。从目前来看，他的工作稳定，待遇也非常不错，在同龄人中算是出类拔萃的一个。

但是当他看到昔日的同学现今都一个个硕士、博士毕业，当年继续求学的愿望又一股脑地涌上了心头。然而要让他果断地放弃现在拼搏而来的职位和待遇，宋玉又有很多的留恋和不舍。因此一连几个星期他都在反反复复地考虑这个问题，始终做不出一个勇敢的决定。

眼看考研报名截止日期临近，无奈之中，宋玉向单位一个关系很好的师长说出了内心的苦恼，并向对方请教究竟该如何去做。师长听了他的话之后，沉思了一下问宋玉：“考研和继续在现在的单位工作，这两点的利弊相信你已经分析过了吧？”

宋玉见状点头道:“我都分析过了，两者各有千秋，很难取舍，这也是我一直犹豫不决的原因。”师长听了后继续道：“考研和就业各有利弊，如果单从利弊上分析，确实很难做出选择。但是我们应当看到这里面还存在一个关键点，这一点你忽略掉了，这就是人的一生中工作的机会有很多，但是求学的机会却不多。并且我从你内心的想法去换位思考，你一直将考研作为你心中的梦想，如果这个梦想不能实现，那么就是你这次放弃了考研，也难以安心工作。所以我看不如去遵从自己的内心，先把这个梦想实现了再说，不要再迟疑不决了，机会本就不多。”

师长的一番话坚定了宋玉的内心想法，从而果断地作出了考研的决定。

拓展解析

生活中人们常常会碰到许许多多、各式各样的选择。例如在猜谜游戏中让你从几个备选项中选出准确的结果，然后决定胜负；或者工作中某个人对现在的环境和状态不是太满意，需要在准备跳槽而去还是继续留下来这两者之间给出一个合理的抉择；要么就是一个学生在考上大学之前，他在具体选择哪一个专业面前纠结万分、举棋不定，翻来覆去地比较分析……

这些选择或大或小，有些无关紧要，只不过是生活的一种调味剂；而有些则事关重大，选择结果会影响到未来发展。所以一般情况下，人们在这些重要的选择面前，常常会慎之又慎，生怕一个错误的选择让自己懊悔终身。比如A、B两个选项，看起来都貌似有理，或者说是各有千秋，选与不选似乎都有很多充分的理由来支持，因而当事人在涉及自身利益的关头就会陷入莫衷一是的两难境地，进退维谷。

于是我们就可以看到这些现象：很多人在重大的选择之前表现出的不是镇定和从容的神态，而是一种恐慌或畏惧，战战兢兢不敢大胆地作出正确的选择，像是一个徘徊在十字路口的迷途羔羊，严重者还会因此落荒而逃，采取逃避的办法而不敢去正视现实。

这种面对选择时所表现出的艰难和畏惧情绪就是大家口中常说的选择

恐惧症，也可以称作选择困难症。显然，出现这种现象的原因在于选择者自己内心深处常有着强烈的不自信，害怕面对选择之后可能产生的失败；或者唯恐自己为此要承担必要的责任，不敢拿出勇于担当的勇气。于是在选择面前，他们纠结痛苦，犹豫拖延，迟迟拿不出意见，陷入“选择僵局”之中。

不难看出，案例中的宋玉就有选择恐惧症。虽然内心有着许多美好的想法，但是真正面临抉择的时候，他却不知所从了，退也不是，进也不是，最后只好求助了一位阅历丰富的师长才算打开了他的心结。从深层次上分析，宋玉的这种选择恐惧症内里是一种心理上的障碍，外在表现则是另一种形式上的犹豫不决，因而很多人就是在这种障碍的影响下畏惧不前，犹犹豫豫难以决断，从而错失良机，这何尝不是不敢选择、畏惧选择呢?

要知道生活中选择无处不在，所以我们对待选择的态度只能是迎难而上，而不是畏缩逃避，一味逃避现实无助于问题的解决。因而在选择的时候我们要抱着一种果断的态度，既然选择了就要无怨无悔地走下去，千万不能瞻前顾后，这样会错失掉原本很宝贵的机会。

同时当我们面临两难的境况时，也不妨换一种角度去思考问题的得失；或者向有经验的人士请教咨询，听听他们的意见，旁观者清，当局者迷。正如一则故事中所讲的那样，一位青年先后爱上了两个姑娘，难以从中抉择最爱哪一个。后来禅师告诉他，你既然后来又喜欢了一位姑娘，说明你对第一位姑娘并不是全心全意的爱。一句话点醒了梦中人，这就是看问题的角度和身份的不同而带来的另一种全新的思路。

人在拖延中颓废

情景再现

小李曾是一家网络公司的员工，由于平日里工作习惯拖延，领导交代给他的任务非要等到最后时刻才匆匆忙忙完成。有时候因为时间上过于仓促，考虑不周，所以也常常出现这样那样的小错误，在领导中的印象不好。

所以小李尽管入职一年有余了，但是薪资待遇和职位等各方面都没有得到提升，而他身边那些工作极为优秀的同事却获得了快速提升。小李看在眼里，认为是领导故意安排一些艰巨的任务让他出洋相，于是心理上很快不平衡起来。后来索性破罐破摔，对待工作的态度更加消极颓废了，即使手头上能够简单快捷完成的任务，也非要拖上个三五天才给领导答复。

一次领导给他分配了一项任务，要求他三天完成。小李大致看了一下任务的内容，还是像往常一样不以为然。由于工作上的便利，小李经常接触电脑，所以这也给他消极地对待工作提供了极大的方便。这次也不例外，小李把任务随手往桌子上一扔，依然见缝插针地沉浸在网络游戏中。

可是这次小李并没有像以往那样幸运，当他玩得兴高采烈的时候，不知道什么时候领导已经悄然站在了他的背后。看到领导出现，小李也非常尴尬地关掉了正在运行的网页。领导早已看得一清二楚，当众严厉斥责小李道："你这样的态度对待工作怎么能行？别说三天，就是给你一个月的时间也完不成，你看看你周围的同事，哪个不是在努力工作？工作中就是要打起精神来，将自身的能力证明给大家看，一直这样颓废地混日子只能耽误自己的大好青春。"

领导的当众批评让小李感觉下不来台，认为这是领导故意给他难堪，于是一生气以身体不舒服为由请了一个月的假期回家休息。期间小李也去找过几份工作，但是都干不了几天，对方发现小李这种拖延的毛病也总是毫不留情地指责批评他，后来还是在单位同事的热心帮助和耐心劝导下，小李向领导承认了错误，保证以后要以积极主动的态度对待工作，总算重新回到了原先的工作岗位上。

拓展解析

拖延现象在生活中处处可见，在这种不良习惯的影响下，人们不仅浪费了大好的时光、失去了宝贵的机会，而且对个人的精神世界也会造成一定的冲击。它像一剂慢性毒药，使人们积极奋斗的精神状态逐渐被蚕食，最后只剩下一副毫无活力、死气沉沉的模样。

分析拖延造成人们精神颓废的深层原因，主要是在具体的工作任务或需要处理的问题面前，人们往往表现出的那种抵制、反感和畏难情绪。不愿意从事某项工作，认为这类工作本不应该安排到自己的头上；或者感觉这项工作难度非常大，不是个人能力可以解决的，都会产生这种畏难拖延的情绪。

这几种原因综合起来，便会使人们产生极大的逆反心理，看见分配到手上的任务就像看见瘟疫一样，恨不得躲得越远越好。同时内心深处也会产生这样的声音：明天吧，等到明天我再想想办法，看看有没有更好的解决方式，实在不行，再等等看。

久而久之，人们的心理便形成了一种思维定式：不愿意工作、看见任务就产生无比反感的颓废情绪，整个人也显得无精打采，越来越倾向于“当一天和尚撞一天钟”的生活，得过且过，奋斗、理想、志向以及人生事业等统统与他无缘。所以说，拖延就像一个慢性的毒瘤，将人生梦想击打得支离破碎，人们在消磨了意气之后，只能在日复一日的浑浑噩噩中打发无聊而漫长的时光。

从案例中可以得知，是拖延之下的消极和颓废害了小李，他一直被动地对待工作，对上级交代的任务推三阻四，怎能不惹领导生气呢？如果他像其他同事一样，努力工作，主动为上级分忧解难，又怎会被迫请假回家休息呢？即使是在请假期间试着找了几份工作，也屡屡碰壁。

心病还需心药治，很多人在工作的最初，先是对分配给自己的任务抱怨不休，要么是认为难度大，自己难以胜任，要么就是对自身的信心不足，害怕做得不好引起同事和领导的非议。这样时间一长，这种心理就会转化成一种外在的拖延，在情绪上也常表现出消极和不情愿。其实静下心来反思自身，别人能积极主动去做的事情为什么我却不可以呢？只要肯用心付出，相信办法一定比困难多。

不难看出，拖延是阻碍个人事业进步和人生成功的绊脚石，它让人体内产生无可救药的颓废情绪，而颓废又让人意志消沉。但是它的身影在我们的生活中又随处可见，于是人们的生活因拖延而变得一团糟；单位的工作也因拖延而出现效率低下、人浮于事的现象。无疑，拖延下的颓废于公于私都具有极强的破坏性。

总是在依赖他人

情景再现

周芳是一家新闻周刊的实习记者，刚从大学毕业的她，工作经验不是很足，因此在她刚到部门里面工作的时候，领导专门安排了一名资历较深的老员工带她。一般情况下，只要她肯努力专研业务，三个月就可以独立工作了。

但是一晃半年过去了，每当有采访任务的时候，周芳还是要求和那名老记者一起去现场，借口总是有很多，看到她毕业时间不长，还是一名女性，领导也没说什么，尽量满足她的要求。

一次，单位又有一个紧急的采访任务，正好那名记者临时有急事，但周芳又不愿意一个人去，这时单位确实人手紧张，在领导的一再鼓励下，周芳这才不情愿地单独去工作。当然最后的采访效果也很不好，此时领导才意识到问题的严重性，发现了周芳严重的依赖心理。为此领导故意安排以前和周芳搭档的记者出差，短时间内回不来，希望以这样的方式来杜绝周芳的依赖心理。周芳看到没有希望了，只好自己硬着头皮上了。工作流程她都熟悉，因此单打独斗磨炼了大半个月，渐渐地她也找到了其中的诀窍，采访工作越来越顺手了。同时让人惊喜的是，周芳个人的气质也发生了很大的改变，以前在单位的时候总是小心翼翼、带着一种腼腆的神色，现在做起事情来却显得风风火火。

领导看在眼里，喜在心头。正好那名外派的记者也回来了，于是领导打趣地调侃周芳，问她有任务的时候还需不需要人手帮忙。周芳自己也意识到以前太过于依赖他人，当下脸色一红。领导见状笑着说："依赖别人一时，但是不能依赖一世，很多时候我们要对自己树立起强大的信心，真正脚踏实地地做起来时，会发现事情并没有我们想象中的那么难。"

拓展解析

人都有依赖别人的天然习性，作为一种群体性的生物，人们都感觉只有在相互协调配合的集体中工作才会有更多的安全感。中国传统哲学里面也有很多这样的理念，俗话说"在家靠父母，出门靠朋友"，这句名言里面所折射的思想，就饱含着需要借助外人在关键时刻帮忙的意思。所以只要有合适的条件和土壤，依赖的习惯便会如雨后春笋一般疯狂地出现在人们的日常行为中。

于是在生活中人们常常会看到这样的现象：一件事情本来只需要单独一个人就可以完成了，可是这个人却感到势单力薄，或者信心不足，非要拉上几个帮手不可。还有更为突出的典型就是这件事原本自己能做，可是由于依赖别人久了，依然会习惯让别人替自己完成。在这些人眼中，这样省时省力，何乐而不为呢？

依赖是一种懒惰心理的外在表现，它为人们拖延工作提供了充足的借口：这件事情不是我不努力，而实在是能力有限，所以只好往后推一段时

间，等有了帮手再说。从实质上讲，依赖是人类心理上的一种错觉，然后这种错觉又放大成一种幻觉，认为必须有人过来帮忙才有把握完成任务，否则就会一败涂地。其实很多情况下，人们面临的各种难题并没有想象中的那样可怕，许多时候只要自己稍微坚持一下、努力一把就可以解决。

案例中的周芳一开始并不敢独自一个人工作，领导出于好意，原本是让老员工带领和指导她一段时间，谁知竟然使她养成了依赖性，甘愿一直做老员工的助手。越畏惧就越害怕，依赖的习惯让她不愿意去经历风雨磨砺，幸亏领导及时发现了这个问题，“强迫”之下让她克服了这个坏习惯。

分析周芳的依赖症会发现，这无外乎是她自身自信心不足和内在惰性相结合的结果。在困难面前畏缩不前，希望能够得到别人的一臂之力，甚至有不劳而获的思想。这样时间久了，当依赖成为了一种挥之不去的生活习惯，那么她的生存能力将会大幅地下降，也等于将自己的命运完全托付给了外人，自己没有一丝一毫的主动权，这样做其实就是对自己的人生不负责任。

周芳的案例也让人们想起了一则寓言故事。故事讲的是一个人生活中遇到了难题，于是去庙中求观音指点。谁知他到了庙中之后，发现观音像前面已经有人捷足先登了，低头也在请求观音帮忙，但更令人惊奇的是这个拜观音的人正是观音自己。这个人大惊之下询问原因，观音无奈地说：“我也遇到了难题，但是我知道求人不如求己。”

周芳的情况和这则故事的人物非常相似，依赖会让人产生惰性，即使是很简单的事情，宁愿无限期地拖下去也不敢大胆向前，其实正如故事中所阐述的求人不如求己的道理一样，勇往直前的拼搏才能让自己的人生之路更加宽广。

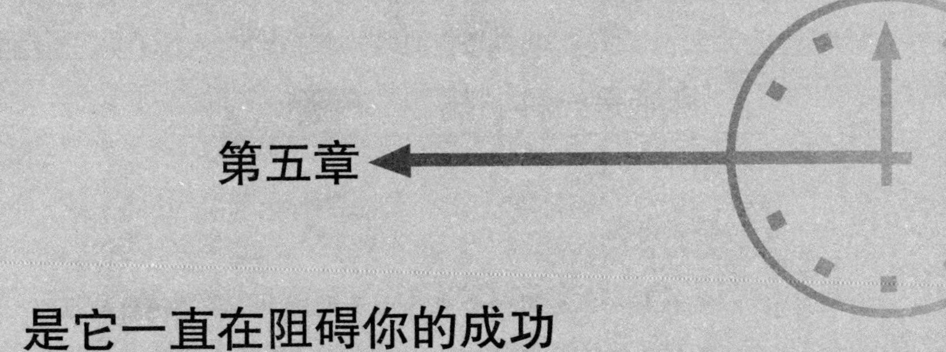

第五章

是它一直在阻碍你的成功

拖延是一种“病”，得治

情景再现

王强是一家公司的员工，由于生活中养成了拖延的习惯，所以什么工作任务到了他的手中都要拖上三五天才能完成，很多时候即使是完成的工作里面也有很多的疏漏，不得不重新返工。这样下来不仅他自己感觉不胜其烦，就是领导心里也极为不悦，为此没少批评他。王强也认识到自己的错误，但是找不到正确的改正方法，一遇到事情老毛病依然如故，对此王强自己苦恼不已，心情也非常糟糕，每天一上班就有一种厌烦的情绪，无奈之下，王强只好去找心理医生治疗。

心理医生听了王强的“苦水”之后，对他说这是自己一贯拖延的工作作风所造成的局面，拖延让他对生活中的一切事情都丧失了信心，同时也促使个人的精神萎靡不振，每天的工作在他看来像一座大山一样沉重，压得人喘不过气来，疲于应付。

针对王强的症状，心理医生给他开出了这样一个“药方”：首先是加强时间的管理和分配意识，每天都给自己制定一个清晰的工作目标，树立时间观念，每个目标需要花费多长时间有一个限制，然后将自己一天的时间科学合理地分配给这些任务，要求自己必须在当天将这些任务在规定的时间内做完。

其次就是从内心深处培养对工作的兴趣，告诉自己工作是人们生活中必不可少的一部分，拖延推诿绝对不是一个好办法，要想出人头地，向别人证明自己存在的价值，就必须拿出十足的精神去工作。同时每完成一件工作的时候，要对自己说：“加油！我最棒。”让心理不断受到鼓舞和刺激。这样长期坚持下来，拖延的症状一定可以得到根治。

王强在心理医生的指导下，每天按照这个方法训练自己，一个月后果然感觉自己的精神好了许多，每天看到自己能够清清爽爽地完成工作任务，一种成就感油然而生，心情也变得开朗起来，以往的颓废感一扫而空。

拓展解析

不难看出，案例中的王强就是长期在拖延症的影响下产生了心理问题，以至于他对生活和工作一度失去了信心。如果任由这种病症发展下去，严重时会导致抑郁症的出现，郁郁寡欢，封闭自我并与外界隔绝，个人的梦想和事业难以实现不说，对身心健康更是一种巨大的摧残。

治疗疾病就是要发现病因，对症下药，以求药到病除。显然拖延症的治疗也要遵循这样的原则，仔细观察那些拖延症的患者，一般有以下几种原因。

其一，个人的性格因素。这是一个人的内因在起作用，这些人本身就比较懒惰，所以对待生活中的一切事情都不上心，在这些人的观念中，舒服是第一位的，对勤苦的工作则是能拖一天就是一天，实在到了万不得已的地步，才心不甘情不愿地动一下，敷衍了事。

其二，外部的因素。也就是感到自己手上的任务困难重重，没有信心和胆量去完成，总是希望身边多一些帮手。在这样的认知下，这部分人就会养成依赖和等待的习惯，久而久之便事事都要拖延一番。

其三，个人的心态问题。做事常常喜欢追求完美，如果没有把握或者感觉计划不完善，就一定不会去着手行动。于是在一遍遍的准备中浪费了大量的时间，有时候甚至到了最后关头还没有准备好，患得患失的情绪比较严重。

当一个人因拖延而导致心态产生了负面、消极的情绪之后，这个时候就要对自身的状态进行必要的调整，查找问题产生的原因，然后选择合适的治疗方法，从而使自己尽快走出职业的不适应期，变得活泼开朗起来。

同时人们还应该看到，工作是我们生活的一部分，也是人生梦想和个人价值得以实现的起点。所以应当以热情的态度对待工作，每天的任务要求自己必须当天做完，做到当日事当日结，养成良好的职业素养，在快乐的心情下自然就会远离那些郁闷和不快。

悲观情绪是这样产生的

情景再现

杨翔是一家外贸公司的员工，在单位工作了将近有一年的时间，在他的眼中，每天都是从事机械性的重复工作，感觉非常枯燥，这与他当初刚大学毕业时想象的工作状态完全不一样，梦想和豪情也在一日日的工作中消磨下去，工作态度也从最开始的积极主动逐渐变得被动消极起来，特别是想到以后的前途和发展，杨翔更是有一种悲观的情绪涌上来，认为这样下去会毁掉自己的人生。

由于对工作的不满和失望，杨翔便把自己工作上的失落向最要好的朋友倾述，他告诉朋友自己的工作不仅辛苦，待遇也很低，看不到任何的希望，虽然这份职业和自己的专业非常对口，但是如果再这样下去他就准备考虑辞职。

朋友听了他的抱怨之后，想了想然后对他说："我劝你还是先冷静一下，想一想这一段时间内你对公司的业务流程都熟悉了吗？对于做贸易的窍门都弄懂了吗？你是学贸易出身的，既然投身这一行业，就要把这一行业学精学透，这样即使辞职也不愁找工作。如果什么也不懂，到哪里都不会有好的待遇。"

杨翔认为朋友说得有道理，于是暂时打消辞职的念头，一改往日消极悲观的情绪，按照朋友的指点开始认真学习。为了多掌握一点知识技能，有时候他还主动要求加班，一直忙到深夜才回去休息。一晃半年时间过去了，当杨翔再次碰到这位朋友的时候，对方问他："你现在还有辞职的打算吗？"

杨翔不好意思地赶忙摇头道："最近公司的老板对他的态度来了个一百八十度的大转弯，特别重视他，许多重要的任务都亲自点名让他牵头处理，并且还特意给他升了职加了薪，现在他自己也觉得每天的工作不仅充满了无限的乐趣，而且还特有成就感。"

朋友笑道："如果你一开始就这样的话就不会有那么多的抱怨了，平凡的工作并不只是枯燥，许多伟大都是从平凡中积累而成的，厚积薄发就是这样的道理，如果我们坚持下来，就会发现其中无数的美好。"

拓展解析

从刚刚大学毕业时的豪情万丈，到对工作的疲倦和失望，然后又重新燃起对生活的信心，杨翔这一系列的心理状况说明了什么呢？

答案就在案例中，杨翔之所以一开始从热情转为失望，是因为他看事情的眼光和心态出了问题，把工作当作一件枯燥的事情，在这种失落的心态下怎能不悲观失望呢？然而后来朋友从另一个角度开导他，让他把工作当作自己的事情来做，以学习知识技能和发展自己的人生这一高度来处理问题，很快就使杨翔尝到了其中的甜头。问题的实质并没有变，变的只是他的眼光和心态。

喜怒哀乐是人固有的几大类情绪，生活中没有人会无缘无故的欢喜和悲伤，因为每一种情绪的产生都有其特定的影响因素，这些因素折射到我们的内心深处，从而引起情绪的剧烈变动。以悲观的情绪来说，处于悲观之中的人们对社会总是怀着很多的偏见，因而他们抱怨而自负，将自己完全封闭起来，像是裹上一层厚厚的盔甲一般，任何人都难以触及到他的内心深处，做事情的时候急躁不冷静，一遇到小小的挫折就灰心丧气，难以有持久的毅力和斗志。这些人对生活的前途总是感到希望渺茫，认为自己再努力奋斗也不会有好的结果，这样的心态下就极容易产生悲观厌世的情绪，感觉自己处理问题的能力低下，很多时候面对眼前的工作任务无奈或无能为力，长此以往畏惧工作，害怕和同事做比较，情绪永远处于低潮。

其实仔细分析各种悲观的人，他们都对事物存有负面看法，认为身边的一切人和事都是不美好的，都或多或少地和自己作对，从而使人生之路变得坎坷不平。所以说悲观情绪的产生与人的看法和心理感受密切相关，生活中会有这样或那样的不如意，但是我们应当用乐观的态度来看待这一切，正如一句谚语中所说的那样："上帝为你关了一扇门，还会为你打开另一扇门。"对任何事情要看得淡然一些，这样会使自己的心境更加宽广，而不是整日怨天尤人，横加指责，最后将自己的心情弄得无比糟糕。

一个人悲观的时间久了，就会真的任由自己"堕落"下去，生活的方向迷失了，那么他们在做任何事情的时候都提不起精神，随遇而安，随波逐流，奋斗、拼搏、梦想对这些人来说只是"天方夜谭"。

用什么样的态度来对待工作，我们就会收获什么样的人生。因而我们要拒绝悲观，破除失望的焦虑情绪，驱赶走心境中的阴霾，树立乐观向上的人生态度，向着成功的顶峰奋勇前进，一定能欣赏到最美丽的风景。

时间是这样被挥霍的

情景再现

又到了年底总结的时候，一家能源公司的员工刘飞面对眼前的电脑，却迟迟一个字也写不出来。他回想这一年的工作经历，感到乏善可陈，没有什么有意义的事情值得他大书特书。

部门里和他抱着同样心态的同事也有好几个，大家私下交流的结果竟然惊人一致：这一年的时间里究竟都干了些什么呢？匆匆而过的光阴没有给他们留下特别深刻的印象，尤其是想到平日里并没有拿出踏实肯干的精神来对待工作，想起来就令人有几许羞愧。

但是年底的总结又不得不写，这也是一项工作任务，磨蹭了好几天，他终于在最后的期限内把“挤牙膏式”的两页总结交了上去。看看其他几个同事的表情，大家也都心照不宣，实在没有什么业绩可写，只能敷衍了事。

两天后，部门经理召集大家开会。部门一共有十几个同事，静听经理讲话。经理的手中拿着员工前几天各自交上来的年底总结，然后开始发言：“这几天我很细致地看了一下大家的总结，基本上分为两个类型，一类是内容充实；另一类则空洞无物。为什么会出现这两种截然相反的情况？很明显，写不出东西的这一类员工因为没有特别出色的工作成绩来写，工作效率极为低下，想一想我们用美好的青春去换取这些微薄的薪水，没有上进心和奋斗精神，这样做合适吗？”

经理说完看了一眼刘飞道：“就拿刘飞来说，正是处在人生最美好的年华之中，专业技术水平也很好，为什么不能将自身的价值证明给外人看呢？浪费时间是最可耻的行为，我希望明年大家能够齐心协力，做出一番出色的成绩，年底总结倒是其次，重要的是过程充实。”

拓展解析

本来是写一份简简单单的年底工作总结，但是刘飞等人却一筹莫展，是他们的文字表达能力太低吗？

答案显然不是，原因就在于他们度过了空虚而无意义的一年，宝贵的时光不是被他们用来做好工作以及提高自身的专业技能，而是一有机会便上网、聊天，从不知道珍惜，对自己的人生发展也没有明确的目标规划，所以才会写不出东西。

如果要给这几个人写评语，那就是：他们从来没有使命感和危机感，他们会心疼看得见的金钱，可是从不会心疼那些看不见、摸不着的时间；喜欢那些拖拖拉拉、慢节奏的生活状态，并且沉迷其中而难以自拔，然后让它悄然无情地吞噬他们原本就不多的时间，就这样慢慢老去而一事无成。

生活中人们都有这样的感受：每日里忙忙碌碌，也不知道都做了些什么，但是唯一能感受到的就是时间的流逝，无声无息地偷走了我们年轻的容颜，留下的是无尽的沧桑和叹息！

很多人对此常感到无奈和惊讶，无奈的是时间的无情，不肯为自己多停留一分一秒，时时刻刻在它精准的轨道上昼夜不息地运转着，没有人能够使时间停止不动，它公正无私到了冷酷的地步。而令人惊讶的是，在同样的时间内，身边有许多人却最终取得了令人叹为观止的成就。这不得不让人为之惊讶疑惑：他们这些人又是怎样利用好了时间的呢？反观自身，不能不为之羞愧难当。

羞愧之余，我们还要反思自我，很明显，我们把时间挥霍掉了，没有去好好珍惜并加以合理的利用，所以才难以取得更大的成绩。而问题是，时间是怎样被我们挥霍一空的呢？

问一问自己，答案很简单。试问我们自己在做事情的时候是否有条理清晰、目标明确的工作计划？或者我们在工作的时候是不是故意拖延，从而让时间大把大把地白白浪费掉呢？又或者手上的工作任务还没有彻底完成，就又无目的地去做另一件事情，最后的结果往往是哪一件事情都没有做好，但是时间却没有了。果真是这样吗？

这一系列的疑问其实就是明明白白的答案，我们常常去做一些看起来毫无意义的事情：和别人花上一上午的时间聊一些明星的八卦；喝酒、唱歌可以一直持续到深夜也乐此不疲；或者把工作任务丢到一边，在网络游戏的天地中消耗着美好的青春……很多时候我们回头才发觉自己的一生是如此的碌碌无为、平庸至极。

记得一代文豪高尔基曾这样论述过时间的重要性：“时间是最公平合

理的，它从不多给别人一分，勤劳者能让时间留下串串果实，而懒惰者时间留给他们一头白发，两手空空。”俗话也常说：“一寸光阴一寸金，寸金难买寸光阴。”或许这样的道理每个人都懂，但是在实际的行动中很少能够以此作为自己的座右铭来遵守。他们总认为反正还有无数的明天，任何事情都不必急于一时，这些把希望寄托在明天的人，最终将一无所获、懊悔终生。

谁让你忽视了他人的时间

情景再现

会议已经整整开了两天，可是实质性的进展没有多少，看到这种情况，技术部经理黄磊再也忍不住了，因为他手头还有一项重要的研发任务，时间很紧，再耽搁下去恐怕就难以按时完成，于是当场和主持会议的副总顶牛起来。

他脸带怒色地对副总说道：“客户出现质量投诉的事件值得我们重视，但是也不能这样无休无止地开会议强调，关键是要制定科学合理的制度来防范，然后交给各部门负责人去执行。一直开这样没有内容的会议起不了真正的作用，况且现在正是订单繁忙的季节，各部门负责人耗在这里不能处理下面的问题，我看这是官僚作风。”

当场被下属顶撞，副总脸上也很不好看，会议不欢而散。情况传到老总耳中，他亲自过来进行调解。其实对副总的为人处世老总心里也很清楚，人是好人一个，和自己一起这么多年了才熬到这样的一个位置。但是他最大的毛病就是说话唠叨，一件事情要翻来覆去地强调无数次，因此老总在调解之初心中就有了主意。

他先是将黄磊轻微地批评了一下，告诉他正常的意见要压住怒火，和和气气地将问题解决。同时他又对副总的做法委婉地提出了建议："现代社会要求人们有非常强的时间观念，可是你的缺点就是做事太慢，就拿这次会议来说，讲明情况，查找原因，然后让手下各司其职就行了，可是你一连开了两天会，这是在耽误大家的时间。一个人浪费两天，你算算这七八个部门要浪费多少天的时间！所以黄磊发火也是有原因的，你要多反思一下自己。"

老总的话合情合理也不温不火，再加上两人此时也冷静了下来，因此也就握手言和了，副总同时也表示以后要提高自己的工作效率，尽量开有效果、有质量的小短会。

拓展解析

原本是正常的客户质量投诉会议，可是副总却一连开了两天也没有实质性地解决问题，反而却惹得技术部经理当场发火，问题出在哪里呢？

其实分析会议的整个过程不难发现，问题出在副总自己的身上。有问题就要及时快速地解决，重视是必须的，但是没必要长时间地在这一件事情上浪费时间，该由哪个部门负责就责成哪个部门牵头处理，并让他们拿出切实可行的方案，但是他却让七八个部门经理一起陪着消耗大把的时间，浪费了自己的时间不说，也耽误了其他人正常的工作，能不有人着急吗？

市场经济条件下讲求的是经济实体彼此之间的竞争，因此迅捷快速的反应才是出奇制胜的王道。如果遇到事情依然慢吞吞地无限期拖延下去，怎们可能不被无情的竞争淘汰呢？然而实际生活中总有这样的人，他们自己慢悠悠不说，还浪费大家宝贵的光阴，那么又是谁让这种人忽视了他人的时间呢？

时间的重要性不言而喻，我们的生活和工作都需要在特定时间的框架下才能完成，这就像一份非常珍贵的有限资源一样，谁利用得越充分谁就能从中获取最大的利益。可是实际的情况却是很多人不仅不知道利用好自

己的时间，反而浪费别人本就不多的时间。

生活中这样的现象很常见，例如作为会议的召集者和主持人，本来很简单的一件事情，却要翻来覆去地强调，十分钟的会议能够拖延到三四个小时；要么就是将急需解决的问题研究上一天，最后也没有形成一个科学合理的方案，然后第二天接着这个议题继续挥霍与会者宝贵的时间，自己不知道珍惜时间，让一大群人也陪着浪费。

还有的情况就是客户急着要结果，可是我们这边却仍然不紧不慢，即使延误也不觉得有什么不对的地方。面对客户的指责和投诉，还会强词夺理地搬出一大堆借口来搪塞。反正在这些人眼里，时间大把大把有的是，耽误一点没有什么大不了，从来不去反思自己行为的过错，也不去考虑这样做对客户的伤害有多大，我行我素，不知悔改。

无疑，生活中有这样的一群人，他们对时间的漠视是一种害人又害己的行为。我们的人生是如此短暂，不仅浪费了自己美好的时光，还耽误了别人的工作，无论这种耽误是主观故意还是客观形势使然，其实都是对他人不负责任的表现。

仔细分析这些现象背后的原因就会发现，不知道珍惜别人时间的人，一种是自己本身就对时间没有清晰的概念，另一种是缺乏换位思考，性情冷漠且没有感恩和同情心，觉得反正得失和自己无关，又何必将自己搞得忙碌紧张。

因而，很多时候我们要站在他人的角度去想问题，顾及对方的切身感受，这样理解并赢得别人的尊重，将会对我们的事业发展有着莫大的帮助。

自制力为何在无形中下降

情景再现

明天就要进行第二轮面试了，可是孙亮却依然沉浸在网络游戏的天地中不能自拔。其实从早上起床的时候，孙亮就暗中告诉自己剩下的时间已经不多了，应该好好地准备一下明天面试的内容。

特别是第一次面试中考官让参加后续面试的同学提供一份概念新颖的设计方案，这是面试中的重中之重，要当面向面试官阐述自己的设计思路和产品所体现出的独到之处，讲得好才有被录取的机会，这对于毕业之后奔波了小半年的孙亮来说尤为重要。难得有这么专业对口且环境待遇都不错的企业给了自己这么好的一次机会，一路笔试、面试到了现在的阶段，能不能把握住机会全靠明天的表现了。

孙亮心中其实也很清楚这次面试的重要性，但是坐下来没一会儿，心里便烦躁起来，一想到昨天夜里在线上和别人约好要联手打游戏的事情，更是心痒难耐，终于在半个小时之后，孙亮又情不自禁地打开了游戏的网页，同时心中对自己告诫道："就玩一小会儿，玩过瘾了立即投入到面试的准备工作中，只要自己肯努力，应该很快就能把设计的任务搞定。"

但是想归想，事实却是另外一回事儿，孙亮一口气从上午玩到了半夜，中间忙碌的只顾得上吃一份泡面，其余的时间都用在激烈的游戏大战中去了。眼看到了凌晨，孙亮这才恋恋不舍地关掉网页，想起明天的面试还没有准备，于是又匆匆忙忙地胡乱设计了一个作品，直到凌晨四点他才倒头大睡。

第二天无精打采的孙亮如期参加了最后一轮的面试，可想而知孙亮在面试中的表现很令人失望，设计的作品倒是还有一定的新意，但是他在讲解的时候精神状态不太好，一直不能流畅地表达出自己的设计理念，因此最后的结果是被无情地淘汰出局。

拓展解析

孙亮没有被如愿录取，是他的自身能力有问题吗？

从案例中可以看出，显然不是个人能力所引起的问题，能够一路过关斩将，从笔试冲刺到第二轮面试，显然孙亮自身肯定有着一定的专业能力，头脑也很灵活，其实问题的原因出在他的个人自制力上。

明明知道第二天的面试非常重要，但是他却放松了警惕，想着凭借小聪明一定能把事情搞定，慌乱之中设计出来的作品又怎么能打动考官的内心呢？所以，是他的自制力害了他。

生活中像孙亮这一类人还为数不少，问题究竟出在哪里呢？

其实问题还是出在自己身上，生活中的一些不公正的现象让我们产生了无限失落，或者是工作中遭受了一些小小的挫折，但是不能适时地进行自我调节，以至于对工作产生厌倦，看见什么都感到无比烦躁，没有耐性。自制力既是对自我行为的一种约束，能够很好地控制个人的情绪和意志，防止人们做出不合理的行为；同时它也能在关键时刻对人们的行为提供正面激励，鼓励人们采取勇敢正确的行动，从而达到目标。

遇到不公正的时候，我们告诫自己不要怨天尤人，而是沉下心来积极做事，相信终有自证清白的一天；一件事非常难做，中间充满了无数的艰辛和挑战，但是我们心中暗暗地激励自己，我一定能行，困难是暂时的，再坚持一下就可以成功，这些现象都是一个人自制力的体现。

不难看出，自制力是毅力和意志力的一种，自制力强大的人代表着他内心也非常强大，轻易不会受到负面情绪的影响，喜怒不形于色；遇到挫折或困难的时候也会有很强的自我调节能力。它是一个人成熟和强大的重要特质，以其自身特有的韧性和弹性助推着人们向着成功奔跑。

但是与自制力相反的则是任性和放纵，对自己不负责任，做事情的时候随意无节制，不去考虑事情可能引发的后果以及对他人的影响，只知道由着性子来，这样下去很难获得别人的尊重和理解，想要获得事业的成功无疑是水中月、镜中花。

自制力对一个人的成长是如此重要，但是我们有时常常会发现自己的自制力无形中下降了许多，很多原本能控制住的情绪现在却变得控制不住，有些工作任务只要再努力一下就能圆满完成，但是我们常常在最后关头选择放弃，令人为之扼腕叹息。

所以在平时的工作中我们要注重提高个人的意志力，通过有意识的锻炼来强化自我意识，排除外界的干扰和暗示，做事情要及时、果断、坚决，如此便掌握了打开成功大门的钥匙。

工作的动力去哪了

情景再现

徐放是一所中等职业院校的一名教师，刚从大学毕业分配到这个学校工作的时候，徐放抱着“传道授业”的人生理想登上了教师的讲台，在他的辛勤努力下，连续几年都获得了“优秀教师”的称号，渐渐成为了中青年教师中的骨干分子。

但是近一年来，徐放的工作热情明显下降了不少，对待学生也没有以前那么细致认真了，整个人看上去懒懒散散的。看到徐放身上丧失了许多教学的动力，校长专门找时间和他作了一次长谈。

在校长的循循善诱下，徐放也不隐瞒，一股脑将自己的“苦水”倾述了出来。原来在这几年的教学生涯中，徐放感到工作非常乏味，每天的工作就是备课、讲课、批改作业这几件事情，毫无新意可言。

另一方面让他心里感到失落的是，中等职业教育学院在社会上的地位不高，许多进来学习的学生文化素养也很低，看到自己辛勤工作之后却不能结出累累的“硕果”。特别是和自己那些分配到高中学校当老师的同学相比，他们的学生都一个个考上大学，当老师的也风光无限，非常有成就

感，心中的不平衡感立即就冒了出来。在这样的心理状态下，徐放的工作激情就慢慢地被消磨殆尽，身心俱疲，于是就选择了这种得过且过的工作态度。

校长听了之后点点头道：“你的这种状况其实也代表了我们学校许多教师的心理现状，可能你们认为职业教育不重要，因而才产生这样的比较落差，进而形成一种职业上的倦怠和不作为。其实每一份工作都有自己的闪光点，就以职业教育为例，国家大力倡导肯定是有其长远的战略考虑，职业教育出身的学生由于掌握了熟练的实践专业技能，他们所发挥的作用并不比学纯理论的大学生少，甚至还在许多方面超过了他们。看问题的时候要多看长处和优点，这样才能调整好心态。”

在校长的多次促膝谈心下，徐放终于放下了攀比焦虑的心理，重新找回了以前那个做事风风火火的自己。

拓展解析

徐放从一个优秀的中青年教师到后来变得意志消沉，中间经历了一场什么样的过程和变化呢?

从案例中的描述来看，很显然是徐放的心态出现了问题，认为自己目前从事的工作毫无意义且枯燥无味，简直是在浪费他满腔的才华。他之所以有这样的想法，就是只看到别人风光的一面，而没有看到自身工作的优点和长处，从而引发心灵上的极大失落感，工作动力和热情也随之一落千丈。其实正如校长对他的劝解一样，每一份工作都有自己的闪光点，关键要看我们怎么把它发挥出来，一味地攀比和不平衡对人生的发展起不到任何作用。

美国社会心理学家马斯洛先生曾将人类的自我需求按照从低到高的顺序依次划分为五大类，分别为人的生理需求、安全需求、情感需求、尊重需求以及自我价值实现需求。前四种需求是基础，当这些基础得到满足之后，人们便会追求更高层次的需求，这就是自我价值实现需求。在这种需求的激励下，人们将自身的理想、抱负和才能充分地结合到一起，然后最大限度地发挥出自我的能力，并在这个前提下实现与自己能力相匹配的事业追求，当人们有一天站到生命的顶峰时，他们会因此感到无限的满足和快乐，这就是工作的动力。

然而实际情况是，很多时候我们常常会失去工作的动力，面对日复一日的重复工作，内心深处往往生出一种疲倦的感觉，感觉自己很累，认为自己目前所从事的工作毫无意义，简单而又枯燥，从而丧失了对工作一如既往的热情和兴趣，那么我们的工作动力都到哪儿去了呢？

工作的动力来源于个人的梦想和激情，我们的愿望是通过工作来实现自己的人生理想，实现人生价值。所以当这些激情和梦想失去的时候，我们就会灰心丧气，看不到前途与希望。在这样的心理状态下，混日子的心态就会趁虚而入，对待工作得过且过，面对分配到自己手上的任务也是能推就推，实在不行就采取拖延的方式，整个人生就在这样一个暗淡的色彩中踯躅而行。

所以说人活着就需要一种勇往无前的精神，做任何事情的时候都能有一股子冲劲儿和无穷的动力，这样才能又快又好地圆满完成工作。如果一个人整天无精打采，做事情的时候提不起任何的精神，没有人生的目标和方向，无疑是一种自我放逐和堕落。

因而人们在任何时候都要保持十足的工作动力，因为它对一个人的事业发展有着巨大的推动作用。当我们在意气风发之中开始了一天的工作，各项事务都处理得井井有条，我们内心因之而充满了喜悦和成就感，并从中收获了无数的经验和知识技能。相信这个时候工作就已经成为了我们生命中不可分割的一部分。

你的价值观还是那么坚定吗

情景再现

何健是一个聪明机灵的小伙子，头脑灵活，办事周到，进入公司以来深受领导喜欢。领导不仅把重要的事情交给他去做，就是应酬活动也带他一起参加，希望能扩大他的交际能力。

何健酒量非常不错，应酬场合上也特别能说会道，于是越发受到领导的重视。何健也能感觉到领导对他的喜爱，渐渐地他的性格发生了很大的变化。以前和同事相处的时候，何健常常会热心助人，谁工作上有什么难题他都会冲上去为大家分忧解难，而现在却趾高气扬起来，看见同事们带着一副不理不睬的神色。同时他对待工作的热情也明显下降，一有难以解决的任务就想方设法推给别人去做，自己却依靠着投机取巧、见风使舵的本领来从中捞取大家的功劳。

这样时间一长，何健在同事们眼中的形象就很差了，大家都讨厌他每天围着领导转，认为他的行径很令人不耻，但是何健却浑然不觉，自我感觉良好。

一次，单位里一个重要部门的职位空缺，领导的意思是在内部进行公开竞聘。何健对这个职位也很感兴趣，心想自己仗着和领导的关系应该手到擒来，然而最后公测的结果却让何健大失所望，身边一个能力出众的同事脱颖而出。

这样的结果让何健心理极度不平衡，他不去从自身找原因，而是偏颇地认为是同事们故意和他过不去，因此越发和大家走得疏远，许多需要团结合作的工作他也暗中使绊子，把事情搅黄为止。如此恶性循环下去，何健在大家心目中的地位一落千丈，年底评测的时候，何健竟然得了倒数第一。

看到他人缘这么差，领导慢慢的也不太器重他了，何健自己也感到再呆下去没有意义了，于是只好选择了辞职走人。

拓展解析

何健原本头脑聪明，又深受领导的器重，为什么后来又混到难以立足的地步了呢?

分析案例可以得知，何健之所以出现这样巨大的前后反差，原因就在于他的价值观发生了改变，受到领导的重视本来是一件好事，如果他能借助这样的好平台，依然像以往一样积极努力地工作，对待同事也古道热肠，相信何健的个人事业将会更上一层楼。

但遗憾的是，何健没有一如既往坚持自己原先那种勤奋主动的热情，而是想当然地认为受到领导的重视就可以高枕无忧，对工作也不需要付出努力就能够收获一切，在这种歪曲价值观的指导下，何健为自己的堕落和傲慢付出了沉重的代价。从何健的案例中我们也可以得出这样的结论：人在任何时候都要坚定正确的价值观，不能因为环境和地位的改变而改变。尤其是在职业生涯中，坚定正确的价值观不仅可以让自己的工作态度变得积极，同时也让自己的内心充满阳光和快乐，人生因此充满无穷的正能量。

很多人并不是太清楚价值观内在的定义。简单地说，价值观是一个人对外界客观事物的看法和评价，然后形成正面积极的心理模式，人的一切社会行为都在这种心理模式的指导下开展活动。价值观一旦形成，并具有稳定性、倾向性以及持久性的特质后，就会指导人们如何做事，人生目标和理想的实现也由此发轫。一个正确、充满正能量的价值观会为个人的梦想和事业插上腾飞的翅膀。如果一个人的经济和社会地位发生了重大的改变，或者是个人的世界观和人生观有了较大的变化，那么相应地就会影响到其人的价值观，会使他对外界事物的评价和原先所坚持的理念也随之发生大的转变。

如果真的有这种情况出现，我们当初所坚持的价值观真的还是那么坚定吗?

万事万物总是处于一个运动变化的过程中，变化永远是这个世界永恒

的主题和规律。我们不否定变化的积极作用，也热烈欢迎有积极意义的人生变化。但是应当看到，变化中还缺少不了必要的坚持，对那些正确的、合理的、有价值的东西应该自始不渝地坚持下来；摒弃那些消极的、负面的、毫无正面价值的思想和看法。只有如此，我们的人生才能永远地焕发出美丽的光彩。

下篇

拖延有害，战拖有术

第六章

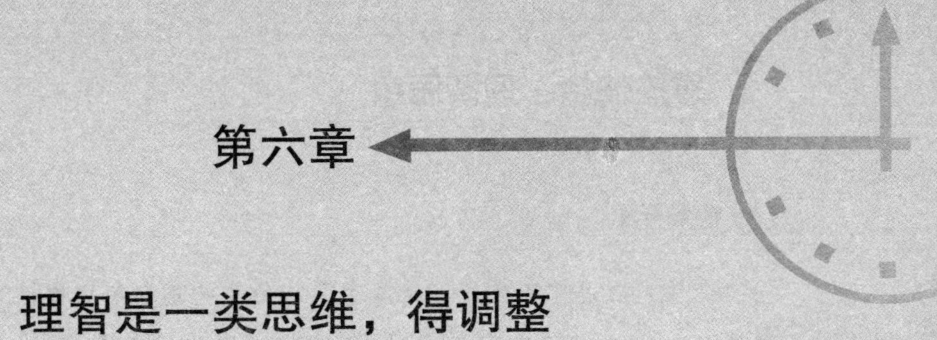

理智是一类思维，得调整

掌控情绪，理智思考

情景再现

金庸先生讲“不生气，就赢了”。他在一篇小短文中说到这样一个故事：

台湾省有个人叫殷海光，这个人在台湾省名气很大。殷海光非常痛恨蒋介石。为什么呢？因为这个殷海光和一个叫雷震的人办过一本杂志叫《自由中国》，杂志存在的时间已经有十年了，不容易，但因为蒋介石的一句话停了，雷震也被抓起来了。

所以这个殷海光非常痛恨蒋介石。恨到有一次他吃饭的时候想起了蒋介石，饭就吃不下去了。殷海光40岁的时候得胃癌死了，但蒋介石活到了88岁。

拓展解析

说这个案例不是讲殷海光的死，他得了胃癌就和生蒋介石的气有关系，但经过现代医学研究后发现，生气的确和一个人的健康状况有关。有人讲生气就是拿别人的错误来惩罚自己，案例中的殷海光如果早听到这句话可能就不至于吃不下饭了。

犯错是难免的，不管是谁，都会有犯错的一天。所谓人非圣贤孰能无过，过而能改善莫大焉。看见别人有点不对的地方就大动肝火，为什么不

给他一次机会呢，或许下次就能做得很好。不要轻易生别人的气，这也是自我修养的一种体现，毕竟谁都不喜欢和容易发火的人呆在一起。这次你发火的对象是他，说不定下次的对象就是自己，当和你相处的同事、朋友人人自危的时候，你人际交往的末日也就到了。

人是一种感情非常丰富的动物，人人都有感性的一面，也都有不清醒、不理智的时候。回想一下，我们犯过的错误中，有多少是因为不理智造成的？如果我们能在面对问题的时候，冷静思考，理智对待，客观公正地去寻找解决问题的答案，我们会避免多少人生憾事？尤其是当我们身处现代社会的工作环境中，这样的环境根本就不要求我们成为一个情绪化过于严重的人，而是要求我们随时都要做好准备，冷静客观地看待周围的一切。情绪化太过严重肯定会大大影响工作。

谁没有碰到过看上去不是那么讲理的客户？谁没有碰到过故意刁难的客户？谁没有碰到过解释半天还听不进去你说什么的客户？面对这种情况，你除了让自己理智地去面对他们，别无他法。如果是在家里，你可以发发脾气，甚至比他更不讲理，但如果发生在单位，你就不能那么干了。不然等着你的可能就是辞退信！

回过头仔细想想，其实生活中让我们发脾气的事情往往都是芝麻绿豆大小的事儿，真要是碰上了大问题，肯定在想解决的办法，哪还有时间生气？所以，为了一点小小的事情发脾气，不值得。

出谋划策

不要轻易生气，情绪应为人服务，而不是人为情绪服务，做它的奴隶。要做到不轻易生气，不妨尝试从以下几个方面入手。

第一，多看书，提高自身的文化修养。

人与人相处，说到底是宽容别人、接受别人的过程。多看书，多学习，提高自己的文化修养可以开阔胸襟，养成正确的世界观和人生观，客观看待别人的功过得失，学会责人先责己，用包容和理解来面对人和事。

第二，有意识地控制。

如果实在想生气，就倒数十秒钟，告诉自己十秒之后再决定是不是要生气。这个十秒是给对方一个机会，也是给自己一个机会。十秒之后，可能你会发现，事情并不值得你去生那么大的气，你甚至还会发现，其实对方根本没有错，而是自己的问题。

第三，转移视线。

这个“视线”指的不是眼睛的视线，而是思想。如果实在忍不住想生气，就想点别的事情，不要在那个让你生气的问题上纠结以至于走不出来，钻牛角尖。正所谓退一步海阔天空，先去想点别的事儿，说不定等你回过头再去想那个问题的时候就柳暗花明了。

第四，经常自我检讨。

这是长期要做的一个工作。孔子说每日三省吾身，我们应该在没事的时候多多检讨自己的日常行为，多反思，多进行自我批评，让自己内心的“小孩”得到成长，而不应该始终像个孩子。

生活中很多问题并没有我们想象的那么糟糕，摆正自己的心态，生气的时候在心里默默地倒数十秒，说不定你会发现，惊喜就在你的面前！

不要犹豫，先做自己擅长的事情

情景再现

有这样一个故事，说某公司的飞机经常出事故，而原因基本都出自一个零件。这个零件经过众多工程师煞费苦心的改造，还是不能明显降低事故发生的概率。

为此公司高层甚为苦恼。有一个工程师建言，如果这个零件那么碍事，那能不能不要它，把它从飞机上卸掉？

后来的事实证明，那个零件确实是多余的。

拓展解析

对于一些刚进一家企业的员工，尤其是刚刚毕业的学生，我们总是能看见他们共同的错误：好高骛远。他们希望能在短短的两三年时间，甚至一个单子就获得一辈子的回报。

不过，当他们经过了一两年的磨炼之后才发现，那种天上掉馅饼的事情根本不可能发生，即便发生了，大概也轮不到他们，反倒是老员工的机会更大一些。

有目标和理想，这是一件值得肯定的事情。鲁迅先生也说，不满足是人类向上的阶梯。但问题是你要有那个能力才行。能力是怎么来的？一步步锻炼出来的！这个客户不怎么好，不想接，那个客户太难缠，也不想接，最后一个客户因为路太远，还是不想接。最终的结果只能是守着电脑做发财的美梦，其实发财的路已经与你渐行渐远！

不要对那些看着很远大的宏伟理想抱有任何不切实际的想象，从当下开始，做你能力范围之内的事情，你擅长更多事情，并且把它做好。这就是成功，而你的那个所谓的伟大的理想，就蕴藏在你能做、你擅长的事情里面，如果这种事情都搞砸了，那就是自断前程了！目标往往高远、宏大，而且实现那个目标总是看上去高不可攀。我们要怎么做才能从现在这种几乎一无所有的处境中一步步走上去，才是每个人都应该仔细思考的问题，而不是每天花时间去做白日梦。

捷径是不可能存在的，如果有，那就是你自己。你自己的财富，就是你擅长的东西，将它的价值最大化，将它做到尽善尽美，就可以打开通往成功之路的大门。一步登天既然不切实际，那我们不妨换个方式，换个思路。硬攻不行，那就智取。有时候为了达到一个目标，为了要实现一个理想，很多人用尽了一生的心血，花费了不知多少精力，还是没能如愿以偿。这个时候我们要做的其实不是做更多的努力，而是停下来想想，看看是不是自己的思路出了问题，方向是不是错了。

无论做事还是做人，有很多已有的经验并不能当作一成不变的圭臬。比如说要想取得成功，就要靠坚持不懈的努力。在通往成功的道路上，不管遇到什么问题，不管面对什么难关，都要坚持，咬牙坚持下去，不要放弃，最终你会得到你想要的东西，实现伟大梦想。如果你还没有取得成就，只说明一个问题，那就是你的努力还不够。表面上看起来好像是没有错，但事实上，条条大路通罗马，通往成功的道路有很多条，不用非在一棵树上吊死。

如果你没有经商的天赋，非要去做生意；如果你不适合画画，非要梦想有一天成为莫奈；如果你没有数学才能，非要超越陈景润……这无疑是在浪费宝贵的青春，浪费自己的生命。这是不明智的选择，最初，你就做了错误的决定。

出谋划策

第一，易事先做。

上学考试做卷子的时候，那些“会”考试的同学拿到卷子后会先做一些容易的题目，遇到难题会暂时绕开。而“不会”考试的同学在遇到一些难题后，会使出拼命三郎的精神，不解完这道题不做下面的题。这样，大量的时间及精力都耗费在了这道难题上，最后，导致一些容易的题目没有时间做或者没有更多的精力去思考，成绩总是不理想。生活和工作中类似这样的事情有很多。为此，在完成某项工作的时候，我们可以先去完成一些容易的事情，留出更多的时间最后再去做那些困难的事情。

第二，迅速辨别各类事情的重要性。

很多人在做事的时候之所以会犹豫，原因之一是他不知道这件事情重要还是那件事情重要，到底是先做这件事情还是先做那件事情，以至于在做这件事情的时候总会想着那件事情，形成了拖延。对此，在做事情之前首先快速辨别各类事情的重要性，明白先做这件事情没有错，从而坚定信

心，减少犹豫。

第三，明确自己的专长。

明白了自己的专长，就明白了自己最擅长做什么事情，同时也就提高了工作效率。然而，在现实生活中，有些人并不了解自己，就像是很多刚毕业的大学生找工作一样，不知道自己适合做什么，在职业生涯中浪费很多时间。对此，了解自己，明确自己擅于做什么，对提高工作效率有很大的帮助。

利用空闲 消除紧迫感

情景再现

“忙碌是上班族的共同状态，大家都在为生活和工作而奔波。晚上躺在床上，你甚至会发现自己还有很多事情没有做，如果你理一理，仿佛做好的事情极少，而更多的事情并没有开始，比如理想！”

这是一个下属在和我聊天的时候说的一句话，我觉得很典型。大家都在忙，都在为了应付自己手头上的事情而忙碌。所以有人就说：趁着年轻，我们现在拼一拼，等到我钱赚够了，就去做一些自己喜欢做的事情，去为了理想而忙碌。

拓展解析

只有梦幻般的美丽，没有现实的残酷与冷漠。那是一种人人向往的生活，是梦，是幻，是镜花水月。当我们还是孩子的时候，就是这样来想象这个社会的，但当我们长大了，紧张而又羞怯地站在社会的门口时，突然发现冷冰冰的现实竟然是那样的无情，慌乱无措之际，我们不知道到底该怎么办了，这和我们当初的想象有了太大的距离，这就是现实吗？

一点没错，现实就是这样的！我们的精神动力开始溃散，我们开始怀疑，开始否定，开始不相信任何人、任何事。为什么自己数年的努力赶不上别人的一句话？为什么“人不可貌相”只在书里？为什么自己寒窗多年，大学毕业却连一份心仪的工作都找不到？为什么自己的收入连别人一顿饭钱都赶不上？这是为什么？

现实太残酷了，我们没有足够的能力去买一个自己心仪的房子，不能让自己曾经的理想飞扬，不能报答父母，这些东西既像是噩梦一样围绕在我们身边，又像是一根无形的皮鞭，不停地抽打着我们敏感的神经。

它让我们紧张，不安，躁动，浮华，急功近利，好高骛远……

紧迫感如果适当，会成为一种动力，让我们不断前进；但如果过度，就会变成一种紧张，消极影响体现在做事情拖延。比如你给老板写文件的时候，由于过度紧张，精神无法集中，思想无法展开，甚至总担心写不好。在这种状态下，工作势必会被拖延。

所以说，不恰当的紧迫感能让人出现拖延，而我们可以利用空闲时间来消除那些不恰当的紧迫感，消除拖延症状。

出谋划策

第一，利用空闲时间分担压力。

日日行，不畏千万里；常常做，不怕千万事。很多事情在最初的时候看上去很多、很难，感觉压力很大，紧迫感很强。但每天做一点之后就会发现，它好像也没有看上去那么难，我们的紧迫感也会随之减弱。当有一天你把它完成了，回过头去想当初见到它时的感觉，估计也会吃惊，自己竟然就这么完成了一件看似无法完成的工作。

第二，利用空闲时间缓解紧迫感。

西方人喜欢度假，这是一种非常好的缓解紧迫感的方式。在中国，人们的空闲时间大多集中在节假日和周末，当我们感到紧迫感强烈、思绪

凌乱，甚至影响到某些事情进度的时候，我们不妨利用空闲时间去休闲一下，约三五好友，举行一个休闲活动。然后回过头来再去做事，思路也许会更加清晰，动力也许会更强。

此外，空闲时间是我们的巨大财富，你可以用它来做自己最想做、最喜欢、认为价值最大的事情，或者是去解决那些最需要解决的问题。

如果你缺钱，可以考虑在这些时间内想办法挣钱，如果你觉得自己知识储备不够，可以用这个时间去充电，哪怕多买两本书回来看看也好。空闲时间利用起来，持之以恒，你会发现自己得到的东西比你想象的多出太多太多。

自我鼓励，肯定自身能力

情景再现

有这么一个故事：父亲是战场上叱咤风云的将军，无坚不摧，战无不胜。但是儿子却不行，他始终不相信自己能像父亲一样，在战场上英姿飒爽，载誉归来。他经常和自己的父亲说，你行，但是我不行。父亲看儿子这个状态很焦虑，于是跟儿子说，我之所以能在战场上取得这么多的荣誉，不畏惧死亡的威胁，是因为有一个家传的宝贝，这个宝贝就是一支箭。

父亲把一个精美的箭袋交给儿子，袋子里面就放着一支箭，让他在上战场的时候带着。但是他告诫儿子，这支箭千万不能拔出来。儿子背上箭袋后，果然觉得自己的心里充满了底气，再也不像之前那样畏首畏尾。一路拼杀，斩敌无数，一战成名，立下赫赫军功。

战后儿子觉得很奇怪，这个箭袋里的箭究竟是什么样的，能给自己带来这么大的能量？在好奇心的驱使下，他打开了箭袋，愕然发现，里面装的竟是一支普普通通的箭，而且还是断的。

儿子震惊了，没想到自己竟然背了一支断箭在战场上和敌人厮杀。下一战中，儿子刚一进入战场就死在了敌人的乱刀之下。

拓展解析

为什么有的人能做成事，有的人就不行呢？

失败就像是路边的野草，无论我们花多大的功夫，都难以阻止它生长的可能性。有人说，有一种失败叫作成功，还有人说，其实失败是成功之母。不能因为几次的失败就完全否定自己的能力。通往成功的道路绝不是一帆风顺的，不然怎么能锻炼出一个自信、果敢、坚毅的自己？

“多少次挥汗如雨，伤痛曾填满记忆，只因为始终相信，去拼搏才能胜利”，这是零点乐队《相信自己》的歌词，“相信自己，当这一切过去，你们将是第一，相信自己，你将超越极限，超越自己。”

做人成事，最重要的一步就是要相信自己，如果自己都不相信自己，那么别人怎么能相信你呢？要有这样的豪情：就算全世界都不相信你了，放弃你了，你都要相信自己、肯定自己。如果你都放弃自己了，那这个世界就真的成为绝望的深渊，一步踏进，万念俱灰。

没有比人更高的山，没有比脚更长的路。我们要相信自己的才华和智慧，相信自己的能力，相信自己一定能在人生的旋律中跳跃出属于自己的美妙音符。

上天是公平的，他在给予我们奖赏之前，一定要考验一下，看看你是不是真的能承担得起属于你的责任。只有经得起考验的人才能站在领奖的舞台上，享受众人的掌声。

困难不是囚笼，失败更不是寒冬。那是一次洗礼，一次蜕变，凤凰涅槃，浴火重生。如果我们失去了自信，就等于向困难低头，向失败祈求。路是走出来的，大步向前，后面才是璀璨的星空。

当下的社会已处于高度竞争的状态，每个人的机会都是有限的。当

我们因为不自信而错失一次次的机会，那么不久的将来还有自己的立足之地吗？当我们艳羡别人财富、地位的时候，当我们眼馋别人成功荣誉的时候，可曾暗自思索，是什么让他们走在人生的光辉路上？是什么让他们能够脱颖而出，成为时代的佼佼者？看看他们的路，是否全部都是万里无云，无风无浪？

当黄日华拍摄《射雕英雄传》大红大紫的时候，周星驰还是里面一个毫不起眼的“龙套”；当李小龙蜚声国内外的时候，成龙还是被一脚踢出门外的替身。我们有什么理由怀疑自己？有什么理由否定自己呢？

出谋划策

有一部分人就是因为自卑，所以在做事情时缺乏积极性，总觉得别人比自己强，比自己做得好，所以做事的时候心里总是有一些顾忌，拖拖拉拉。对此，我们需要从以下几点进行消除。

第一，建立自信心。

每个人都有独特的一面，都有自己的优势，积极寻找自己的优势，你会发现，自己并不比别人差，自信心会油然而生。对于一些困难的事情，你会以更大的热情去做，从而避免拖延的产生。

第二，转移视角。

对于一些较为枯燥的工作，可能再怎么专注也无法吸引你的注意力，做事的积极性也不会提升。对此，我们可以采用转移视角的方法，问问自己为什么会这样厌烦这些工作，去寻找真正的原因，在寻找原因的过程中去完成这些工作，这样效率会更高。

第三，积极调整做事之前的想法。

一些励志的语言总能够让我们心血澎湃，激发我们的斗志。对此，在做某事之前如果动力不足，可阅读一些激励性的名言警句，或者将它们摘抄一遍，细心领会，比如“有志者事竟成”、“天生我才必有用”等，也可以起到自我激励的作用，提升做事的积极性及效率。

激发情绪，让自己充满激情

情景再现

1989年史玉柱从深圳大学研究生毕业，也就是这一年，他着手向市场推广自己的处理系统。因为刚从学校毕业，之前的工作是老师，所以没有多少积蓄。他就用4000元把天津大学深圳部的电脑承包了下来。这些钱不够支付当时最便宜的一台电脑的一半（最便宜的电脑8500元）。然而“史大胆”并不害怕，他给卖电脑的条件是提前用，付尾款的时候多付1000元。

他有了这台电脑，开始向经销商出售自己的处理系统。当时的中国根本就没有宣传这一说，做广告的事情只有极个别的公司在做。然而他做了。他在《计算机报》上详细介绍了自己开发的桌面处理系统的优势，而且在经销商没来之前他就说，只要订购10块汉卡，就能参加自己的订货会，第13天，他收到了多笔订单款。不到一个月，销售额就过了10万元，他没有拿着这些钱喜不自禁，而是全部投入到宣传广告中，时间不长，他赚到了100万元……

拓展解析

有一部分人之所以有拖延症，就是因为工作中缺乏激情，拉低了做事的效率。如果史玉柱不敢想，没激情，没魄力，没有那么大的胸襟，5年

后，他不会被《福布斯》杂志评为中国大陆第8富豪，也是榜单中唯一一位从事高科技产业的富豪，1995年，巨人集团注册资金1.19亿。虽然后来他出现了失误，导致了生意失败，但很快他又成为了中国的保健品大王，现在谁不知道脑白金、脑黄金？他还是网游产业的先锋，坐拥百亿身家。

激情是什么？就是让我们去为梦想拼搏的动力，没有它，就没有实现理想的可能。成功不可能白白送上门，他需要你的强烈渴望、追逐，需要的是一颗火热的心。

著名思想家布莱克有一次遇到一个慕名而来的人，这个人想向他请教如何才能成为一名杰出的思想家。布莱克告诉他，其实很简单，就是多想多思。这个人回到家后就按照布莱克说的做了，每天茶不思饭不想，就躺在床上思考。一个月过去了，他的妻子赶快跑去找布莱克，对他说如果你再不去，我的丈夫就撑不了几天了。

布莱克来到这个人家里才知道发生了什么事。他对这个人说，我还有一点忘记告诉你了：只想不做的话，脑子里产生的都是垃圾思想。成功就像是一把梯子，如果两只手都放在衣兜里，那就不可能爬得上去。

每天上班，如果没有激情，按部就班工作，然后下班回家，如此循环往复。这种生活状态是很多人讨厌的，因为它严重拖延了我们生活和工作的效率，有时候我们想要挣脱这种循环的束缚，但却无法开始，也不知如何开始。梦想在我们的脚下，只是当我们踏上这个征程的时候，就失去了当初的激情。

在很多人想着进入社会打拼一个属于自己的天地的时候，充满激情，充满渴望，但真当他开始了这样的工作之后，日复一日的工作却将往日的激情冲淡得像白开水一样淡而无味。往日的种种抱负、理想，都因为这种平淡而无味的日子慢慢离去。

想要提高做事的效率，想要改变现状，最先要改变的就是我们的思想，否则终将一事无成，碌碌无为。

出谋划策

缺少激情是很多人都会面临的一个问题，也是造成拖延的主要原因之一，为此，我们需要从以下几个方面入手解决。

第一，每天出门前对镜子笑一笑。

这一点是很多销售礼仪课程里较为经典的一条，他要求每个业务员在早上出门的时候都对着镜子笑一笑，大声地喊："我是最棒的，加油。"事实上，这便是一种激发情绪的方法，用此来保证每个业务员每天都充满激情。这样做的一个重要原因就是可以提高做事的效率。对于有拖延症的人来说，这种方法同样适用，尤其是因为情绪而拖延的人，每天起床出门前对着镜子笑一笑，说一些激励自己的话语，可以有效提升情绪，避免因为情绪而产生的拖延。

第二，设定一个明确的目标。

我们需要刺激自己的情绪，需要摆脱那种死气沉沉的局面，这个时候最好的办法就是给自己定下一个目标，一个非常明确、具体的目标，最好是能量化的，比如每月要拜访多少个客户，每月要达成多少成交额 ，每月要完成多少工作任务，然后将目标分解，分解到每一天。这样一来，你每天看着这些目标的时候，就会发现激情在不知不觉中重新回到了你的身体里。

第三，寻找工作之外的成功。

同等对待工作和爱好。很多人把工作成绩看作成功的唯一标准，所以，当工作不顺的时候就会产生非常强烈的挫败感，情绪受到极大的影响，进而产生拖延。如果我们能够同等对待工作和爱好，把业余爱好上的成功也重视起来，那么，当我们在工作中遇到挫折困难时，就能够保持一种积极的情绪，避免工作激情的流失。

第四，改变工作环境。

一成不变的工作环境容易消磨个人的工作激情，让情绪产生疲倦感，对此，我们可以试着改变一下工作环境，因为陌生新鲜的工作环境会让人

感到好奇、兴奋，从而提升自己的激情，提高工作效率。具体方法如对办公室重新布置、更换办公室、调动工作岗位等。

战胜恐惧，直面自我

情景再现

每年招收新员工的时候，不少毕业生在面对面试官时不敢大声说话，不敢提自己的问题，也不敢对面试官的问题提出反驳。本来是需要展示能力的时候却呆若木鸡，不知所措。

而有个别同学却举止大方，侃侃而谈。碰到这种类型的学生，即便他的个人能力并不突出，也能给面试官留下很深刻的印象，提高面试成功的概率。

拓展解析

这种恐惧心理对于个人的发展、未来的生活和工作非常不利，更为重要的是会造成拖延。因为恐惧，所以不敢，因此错失了很多良机，拖延了做事的进度。

很多朋友都会存在一定程度的恐惧心理，比如考试的时候不能正常发挥、不敢一个人走夜路、害怕老师、害怕领导、不太适应和陌生人交往等，这些都是恐惧症的表现。

这种心理在很大程度上限制了一个人能力的发挥，在需要自我表现的时候突然掉链子，给人留下难堪大任的感觉。其实他的能力是有的，就是没能适时地表现出来，很可惜！

有一定程度的恐惧心理是人之常情，毕竟不管是谁，都会有自己思想上薄弱的一环。恐惧本身并不值得过分担忧，只要它不影响到正常的生活就可以了。这不是无能的表现，更不是只有你自己才会这样。

要克服恐惧心理不是一朝一夕能办到的，给自己一点时间，多去了解这种恐惧，走进它，解剖它，分析它，再经过长时间的锻炼、治疗，相信你一定能战胜它，消除因为恐惧而产生的拖延。

出谋划策

第一，增强学习意识，提高认识水平。

包括对客观世界的学习、对人的学习、对社会发展规律的学习等。自然世界也好，现实生活也罢，都有一定的规律存在，掌握这些规律是提高自身修养的前提。只有你明白了世界是怎么运行的，接人待物是怎么回事，才能在面临问题的时候游刃有余，临危不乱，在处理事情时，减少恐惧感。

第二，建立积极乐观的人生观、世界观。

正确的人生观、世界观有助于我们客观正确地处理某些事情、看待自己的情绪，阻止恐惧感的产生。比如领导让一位新人去办一件非常重要的事情时，有的新人可能会产生紧迫感和恐惧感，担心事情如果做不好会被领导责罚，担心在做事情的过程中遇到问题，等等；而有些新人在做事的时候不会有这种紧迫感和恐惧感，他们会表现得非常自信和有把握，有条不紊，原因就在于后者有一个正确的人生观和世界观，对事情看得更加通透。

第三，向英雄人物学习。

榜样的力量是无穷的。虽说很多英雄人物只存在于电影、电视剧或者小说中，但是他们身上所表现出来的那种英勇无畏的精神的确值得多数人学习，可以让我们变得勇敢坚定。

平时没事的时候可以多看看有关的文艺作品，从中汲取克服心理恐惧的力量，给自己打气。看得多了，就能在无形中帮助自己弱化恐惧心理带

来的影响，逐渐消除这种恐惧心理。

第四，进行一些心理训练。

每个人的恐惧心理都有一定的倾向，有的人觉得领导比较可怕，有的人可能认为和陌生人交往让人担忧，还有的人害怕承担过大的责任，等等。不管是哪个方面的问题，都存在心理原因。

为此，我们可以有意识地进行这方面的强化训练，比如想象自己置身于某种让你恐惧的环境中，仔细想想用什么样的方式才能克服，用什么样的方法可以让自己这种紧张、恐惧的心理得到缓解。时间久了，自我暗示多了，训练多了，再到类似场合的时候，这种恐惧心理就会得到很大程度的弱化，进而消失不见，因此而产生的拖延也会减少。

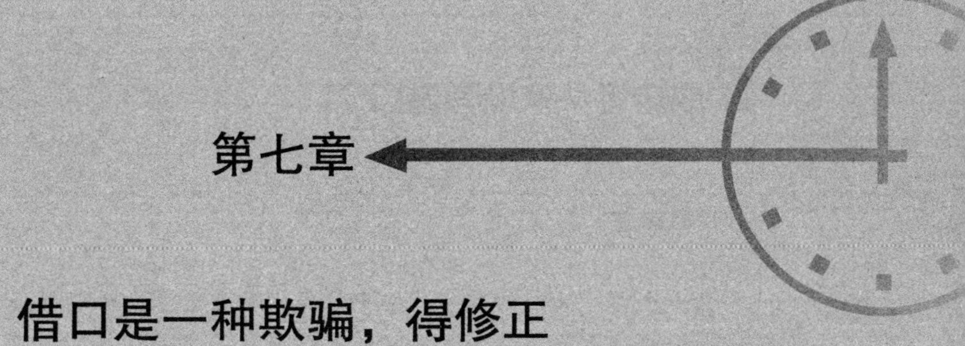

第七章

借口是一种欺骗，得修正

成功者从来没有借口

情景再现

在一个非常炎热的中午，一个农夫划着自己家的小船到隔壁村庄去，他要给那个村庄上的一户人家送粮食。天气实在酷热难当，而且是逆流而上，他汗流浃背地划着小船，很辛苦，心情十分烦躁。由于两个庄子之间的距离并不近，所以他很急切地想快一点将东西送给对方，好能在天黑以前赶回家。

可是划着划着，他忽然发现对面来了一条小船，顺流而下，速度很快，而且正对着他的小船来了。他非常恼火，因为对方的速度不但快，而且正对着自己，眼看就要撞上了，对方也没有避让的意思。这时农夫彻底愤怒了，他冲着对方大声吼道："你眼睛瞎了吗？你就要撞到我了，你个白痴！"

他奋力地吼着："你就要撞上我了，快躲开，让开，让开！"

但对方一点让开的意思都没有，眼看两条船就要撞上了，这个农夫意识到自己要做点什么时已经晚了，当他手忙脚乱想要避让对面那条小船的时候，两条船已经撞上了，而后他发现对面的船上空无一人，这条船原来是上游一条脱了缆绳的小船，顺着河流下来的。

自己的船没有撞坏，还可以继续前进，但农夫感到很累，很想歇一歇，于是他想：既然船被撞了一下，不如靠到岸边休息一下吧。

于是，他将船靠到了岸边，躺在一块石头上睡起了觉。等他醒来的时

候已经傍晚了，这时他着急地划船将东西送到了对方手里，对方收到东西后因为被误了事而不断责怪这个农夫，农夫一直以船被撞了为借口向对方解释……

拓展解析

想想看，当我们面对问题的时候，是不是也犯有农夫的那种错误意识？船本可以走，东西本可以很快送到对方手里，而一个小小的意外，给了农夫拖延的借口，因此，时间被耽误了。

我们一直找借口证明是没有责任的，证明是对的，事实上却忽略了最关键的一点，那就是我们没有去认真思考解决问题的方案。

我们在抱怨，在怨天尤人，不去观察，不去考虑，不去思索。这就是典型的失败者的症状。不为成功找理由，只为失败找借口。

当有些人做错事的时候，或者不愿意去做某件事的时候，第一反应总是找借口，因为找借口能够平衡自己的心理，能让自己心安理得。也正是如此，很多事情被拖延、耽误了。

出谋划策

成功者，他们身上有一个最为明显的特征，那就是不为自己的失败找借口。失败了就是失败了，从来不会认为这件事本来就该失败，更不会认为这件事的失败和自己无关，也更加不会去考虑如何逃脱责任。他们的想法是如何能从失败中汲取教训，总结经验，为下一次的成功做准备，而不是不断地寻找借口拖延。为此，我们需要做到以下几点。

第一，勇于承担责任。

一个敢于承担责任的人，是对自己负责的人，更是对自己的未来负责的人。即使遇到了困难和挫折，他们也不会气馁，不会去寻找各种各样的借口为自己的失误买单，而是会寻找解决问题的方法，快速有效地处理事情。所以，成功者需要有这种敢于担当的精神。

第二，遇挫折不抱怨。

很多人在工作和生活中遇到种种困难时，总是在说这个世界不公平，它的确不是你想象的那么公平，但事实上这正是公平的另一种体现。

要知道这个世界对你是这样，对别人也是一样。比如时间，你一天有24个小时，那些成功者绝不会多出1个小时来。为什么别人能在这24小时里做那么多的工作，而你却没有做到？原因之一就是有些人把时间花在了抱怨上，导致没有时间处理重要的事情，从而造成了拖延。

第三，找对方法办对事。

借口的出现大多发生在一些突发事件中，比如突如其来的困难或挫折，比如你去拜访某位重要客户，对方正好临时出门，你又没有对方的电话，无法取得联系。这时，有些人可能会打道回府改天再来，这样的话要办的事情就会被拖延，因为你改天再来的时候对方也不一定在，而如果你能够通过前台、办公室秘书等人，用巧妙的方法要到对方的联系方式，通过电话沟通确定拜访时间后再去拜访，办事的效率就会高很多。所以，与其找借口不如找对方法办对事。

看清曾经的各种拖延借口

情景再现

张海一个月的工作任务量是固定的，在月初看到自己需要完成的任务量，他会想："今天才1号，时间还早，慢慢来。"所以他做事的效率会有意无意放慢。

一个星期过去后，当他再次看到自己本月的任务量时，发现只完成了一点，一看今天7号，于是他又想："今天才7号，离30号还早，不用着

急。”于是他又不紧不慢地开始工作。转眼又过了一个星期，到了本月的15号，这期间他做了一些琐事，而本月任务量只完成了四分之一。

这时，张海有些着急了，开始没日没夜、忙忙碌碌地工作，同事劝他不要太拼，不要太辛苦，妻子劝他早点回家，注意身体，可张海心里清楚，如果不拼、如果早点回家，本月的任务量就完不成，就会被领导指责。

好不容易到了月底，工作凑凑合合地完成了，这时张海猛然发现，自己这么多年都是这样度过的，他开始思考自己为什么会出现这种情况呢？

拓展解析

自从犯上了拖延症，你就和成功渐行渐远，可以说是“拖延你好，成功再见”。很多人并非不知道自己犯有拖延症，心里其实很清楚自己是在拖，但为什么还会这样呢？

因为有借口！我很忙，现在没有时间去操心这件事；现在还不是太着急，还有很多时间可以放松一下；这件事看起来也不是那么难，不用着急……好像不难，好像时间还很多。类似这样的借口总是在我们的脑海中不停地重复，那就是现在不做也没什么，将来有的是时间，有的是机会。可事实上，等到最后的时候，我们发现，机会没有了，时间没有了，我们紧张了，急迫了，开始焦躁不安了，开始犯上一定程度的焦虑症了。

不管在生活还是工作中，很多人都有类似张海这样的经历，一些借口总是会在无意中冒出来，甚至自己意识不到这是一种拖延的借口。比如：书刚翻开看了不到5分钟，心想休息一下，喝杯咖啡看书效果会更好，而这一休息就是10分钟；晚上本计划加班完成当天剩余的工作，可发现一部自己特别喜欢的电影，心想先看电影吧，反正工作不多了，明天再做也行。于是，当天剩余的工作拖延到了第二天……

事后，如果我们客观认真地回想分析就会发现，当初想要做的事情其实是很迫切的，很想在最开始时就去完成，但我们下意识地选择将这份焦虑潜藏在了内心的最深处，用各种借口，以掩耳盗铃的方式告诉自己：

其实没什么，我完全可以办到，只是现在还不去做罢了。于是，借口出现了，拖延产生了。

出谋划策

第一，将借口写下来分析。

将生活及工作中的各种借口写下来，在心情平静的时候客观分析，看看它们是不是应该存在，是否可以避免。如果应该存在，便不是借口，比如你正在做事，突然好友来访，为此你不得不先放下工作，这便不是借口，而是交际需求；反之，便是借口，应该戒除。

第二，不畏艰难。

有些人面对困难时，总会产生胆怯，在这种情况下很容易产生一些连自己都不易察觉的借口。如果能够做到面对困难时不胆怯，而是积极地想办法，即使当时没有解决，去做一些容易做的事情，借口也不容易产生。所以，我们要修炼出不畏艰难的心态。

借口是拖延的温床

情景再现

俄亥俄州石油公司总裁曾讲过这样一个故事：有一位部门主管叫安东尼，每天都非常的忙，用日理万机来形容一点也不为过。每天早上到公司后，他都是一头扎进工作中，忙得焦头烂额，似乎总有做不完的工作。为此，他去请教一位成功的经理，希望对方能够指点自己，提高工作效率。

安东尼来到这位经理的办公室门口时，从玻璃门看过去，对方正好在接听电话，于是他便坐在门口的沙发上，等待秘书通知。隔着玻璃门，安

东尼看到对方接了一个电话后开始给下属指派工作，而后又很快签署了一份秘书送过来的文件，接着又是一个电话，又开始指导工作……就这样忙活了半个小时，秘书请安东尼进去会见经理。

来到办公室，该经理问安东尼有什么事情，安东尼说："今天本来是向您请教，身为知名企业的经理，您是如何处理好那么多工作的，但刚才看到您今天的工作，我已经知道答案，明白自己的问题是什么了。您在遇到问题后会立刻解决，而我在遇到问题后，总是会先放下，然后等一会儿再说，所以您的办公桌上总是空空的，而我的待办事情总是堆积如山。"

拓展解析

这个故事告诉我们，一个成功人士做事高效的秘诀之一是在遇到事情后立刻着手去做，及时处理每一件事情，而不是把所有的事情堆积在一起集中去处理。管理好时间，就可以避免为自己的拖延寻找借口。

我们在开始拖延某件事之前，其实最初的想法并不是这样，我们最初的想法是在第一时间就去完成它。这时你会想：我要现在就开始动手，马上就做；而当你放下来，心想一会儿再做的时候，拖延就开始了，借口也会随之出现。

因为你没有立即开始去做，所以你会不自觉地找到不立即开始的理由，用种种理由来说服自己，告诉自己，我们不开始去做这件事是有原因的。比如我还有大把的时间，比如这件事对我来讲并不难，很容易就能完成，比如侥幸心理，认为往后拖一拖应该没什么关系。

种种借口出现，我们的内心终于得到了片刻的安慰，很舒服，终于可以不用去想它了，可以放松，可以娱乐。滋生拖延的温床，就是这些看上去十分荒唐的理由，这些理由一次次地毁了我们做事的可能，毁了一个又一个的机会。

出谋划策

第一，制订时间使用计划。

做一个当天时间使用计划，对将要做的事情按照轻重缓急划分，先做紧急程度高且必须要做的事情，而后做轻缓的事情。

第二，拒绝不必要来访者。

有些人的事情被拖延的主要原因是经常要接待一些不速之客，这些没有预约的客人会彻底打乱时间计划。为此，对于一些不重要的不速之客要有技巧性地拒绝，或者另约时间。

第三，先记录后及时处理。

当同一时间内或通过电话涉及的事情较多时，先简单记录下来，而后一一处理。这里需要明白的是在同一时间内涉及较多的事情，而不是任何时候都将事情记录下来然后统一处理。

拒绝抱怨，不给借口找机会

情景再现

“这是怎么回事？为什么我才来公司不久，就给我指派这样的工作？这种技术我以前根本没有学过！”

这是某网络技术公司一个新晋员工早上进入单位后和他的同事说的第一句话。事情的起因是公司最近在做一个软件，需要运用一项新技术，每个技术人员都要学习。

其实新员工、老员工都一样。但这个新进不久的员工认为老员工实战经验丰富，底子好，应该让他们去学，自己先去适应，之后才应该去尝试着学习新的东西，毕竟之前在学校里学的东西都还没有用呢，现在又要去

学，他有些接受不了。

下午，技术经理将他叫到办公室，问他最近的学习状况如何，有什么困难。他理直气壮地说道：“我认为经理这样安排不合理，我才刚来公司不到半年，根本就无法适应这里的节奏，还没有跟上，之前的东西还没有完全运用熟练，你就让我去学新东西，我接受不了。”

经理本来想鼓励这位员工去学习新的技术，这样对自己、对公司都有好处，谁知他持有这样的态度。于是，经理没有说什么，让其在公司继续适应。

一年之后，这位员工还是原来的职位、原来的薪水，而和他同一时间进公司的员工已经坐上了主管的位置。

拓展解析

阻碍我们前进的，往往不是我们碰到的困难，不是客观的现实，而是我们自己。而能成就我们的，也是我们自己。客观的环境，不管你以怎样的心态去看待它，它始终都是在按照它的机制运转，绝对不会按照你的想法运转。你能做的就是去适应它，而不是去尝试着改变它。

故事中这位员工的拖延体现在职业发展中，他的职业生涯本可以发展得更好，可就是因为其对领导安排的抱怨，寻找到了很多借口，使自己的职业发展出现了滞留现象。

抱怨不能解决任何问题，它只能让我们更加烦恼。这种消极的心态严重影响了我们的工作效率，阻碍了我们的积极性和创造性的发挥，让我们不再去关注问题本身，而是将目光锁定在了不该关注、无法解决的事情上。

就像这位员工，不断抱怨自己面对的挑战，还抱怨自己的领导不讲理。事实上，单位里所有人都是这么过来的，你这么说除了让领导知道你无法胜任目前的工作外，不会有任何其他结果。

选择坚持下去的人，他们就是成功者。我们在想“老板给我的任务实在太苛刻了”“我的客户实在太不可理喻了”“马上就快下班了，我坐等下班，加班这种事让别人去干吧”“领导都太不为我们这些员工着想了”“每天都是这么累，收入还只有这么一点点”“简直就不应该去做现在这个工作，当初就入错了行”……每天都在抱怨，不是别人，就是自己，在抱怨中给了找借口的机会，在借口中使得自己的工作效率下降。

出谋划策

借口是出现拖延现象的主要源头，而抱怨容易让人产生借口，为此，我们只有拒绝抱怨，才能避免借口的出现，避免拖延。

第一，凡事多看积极的一面。

很多时候，抱怨是在消极的思想中产生的，比如领导交给我们一份工作，我们不愿意去做，于是消极的思想便产生了。在这种情况下，我们可能会觉得领导不应该把这份工作交给我们，或者觉得某人去做更为合情合理。于是，抱怨、借口产生了。而如果我们拿出积极的思想，换一个角度去思考，认为领导给我们分配工作是对我们的重视，这时我们在工作中就不会有抱怨，一些借口也就不会轻易出现。

第二，改变你能改变的，接受你不能改变的。

世界上有两种事实：一种是你通过努力能改变的，那就去改变它；另一种是你无法改变的，那就去接受它。除此之外，不会有第三种可能。对此，如果你对于无法改变的事实无法接受，一味地沉浸在抱怨中，只会耽误事情的进度，甚至是个人的前途。

试着去证明一些借口

情景再现

小王接了一份非常重要的工作，这份工作本应该在6月完成，现在已拖延了近一个月，如果再不做，他觉得实在说不过去。

这天，小王美美地睡了一觉，起来吃饱喝好，准备开始工作。认真工作了一个小时后，他看了一下进度，进展顺利，按照这个效率，一个星期就可以完成。自己新买了一台电脑，心想，测试一下性能如何吧。于是，他打开了游戏，悲剧由此开始。

在玩游戏之前，他定了计划：玩完一局之后就退出。他选了3个国家对战，难度为中等。玩了一个小时后，2个国家都被他灭了，这时他想："这也太容易了吧，选6个国家，高等难度试试。"

于是，他开始了第二局，高等难度果然打起来不是很容易，对方进攻的速度很快，往往自己还没有防御好，就被打得溃不成军。他计划打完这一局，不管输赢都退出。一个小时后，他赢了。正准备退出时，看到了一个新地图，心想，打完这个新地图再退出吧。

就这样，当他打完这个新地图时，已经是晚上9点了，一天就这样被浪费了。得，既然今天已经被浪费了，就再灭几个国家吧。小王这样想着，便又开始了"战斗"。

当小王准备退出，再次看表的时候已经是凌晨3点了。小王退出游戏，心想："既然已经到了这时候，不如玩一把CS吧，就玩一局。"

而当他进入游戏后，便开始一局接着一局的玩，一直到第二天的5点多。这时，他的眼皮已经抬不起来了，关机开始睡觉，又浪费了一个白天。

小王有时候真的很想抽自己，而且也的确抽过，都这么大的人了，为什么就管不住自己呢！

拓展解析

类似于小王的经历相信很多人都曾经遇到过，本不想拖延，本不想找借口，可在行动的过程中无意中就走进了拖延的迷阵，原因是没有认真地去看待这些借口，没有意识到借口的严重性。

很多人选择拖延的理由，大都和时间相关。比如迟到，这是很多人都会犯的一个错误。本来是早上八点准时报到打卡，早上起来你看看时间才七点，想想还可以再睡十分钟，到七点十分了，你想还可以再睡十分钟。等到七点半的时候你才猛然惊醒：要迟到了！事实上，你真的迟到了！于是你开始找理由，心想如果是八点半上班的话，自己一定不会迟到。事实上，即使是八点半上班，你还是会迟到。如果你换一家公司，该公司规定早上八点半上班，当你再次迟到的时候你就会明白，原来之前自己的“如果”只是一个借口，这个时候你会更加深刻地认识借口的危害性。

出谋划策

第一，深入分析每一个“理由”。

在生活和工作中，经常会有一些不做事的理由出现，有些理由是正当的，而有些理由却是借口。罗列生活和工作中类似的理由，然后深入分析，明确哪些是理由，哪些是借口。这样将有助于提高我们的工作效率。

第二，花小代价去证明。

要想真正认清借口，有时候需要我们付出一定的代价，否则，我们很长时间内都会误认为那是正当的理由。比如当你经常迟到时，那就给自己把时间往后推半小时。八点上班，你可以在某几天将上班的时间调整到8点半，看看自己是否还是因为类似的原因迟到，如果是，这就是一种借口。可以让你对自己有一个更深入的认识和了解。

做一个雷厉风行的人

情景再现

果然是一个优秀的小伙子，毕业于名牌大学，学习成绩优异，动手能力强。毕业后找工作，在一家世界500强企业面试时表现得出类拔萃，深得面试官的喜欢和认可，理所当然地得到了一份众多人羡慕的销售工作。当得知被这家企业录取的时候，果然非常高兴，对自己的未来充满了希望。

果然希望能够在这家企业有大发展，他非常尊敬自己的上司。但是没过多久果然发现，他并没有得到同事们的认可，于是他开始变得越来越不善于交际，总喜欢一个人呆在家里和办公室。

在开会时，他会尽量克制自己少说话，因为他担心提出错误的建议或者说错话。当别人提出与他不同的观点时，他会有意无意地改变自己的观点。果然慢慢发现，当别人提出一些观点时，自己已经无法和他人分享自己的观点，而且，他时常会纠结于一些琐碎的事情中，导致有些事情被拖延，比如出门拜访客户时因为挑选领带，导致错过了约定时间，精心准备开会做报告时的开场白，却忽略了报告的核心内容，等等。

果然担心领导会对自己失望，害怕客户会拒绝自己，业绩提不上来。所以他在做很多事情的时候总是谨小慎微，犹犹豫豫，经常会感到焦虑恐慌。就在拜访一位非常重要的客户的前一天晚上，这种感觉又出现了。他试图用睡眠来逃避这种恐慌感，可一闭上眼睛就会想到拜访客户的事，就这样，他一晚上都没有睡好。第二天起床，他仍然一直担心客户会拒绝自己，在沟通中会表现不好，在去见客户的路上也是忧心忡忡。

见到客户后，由于紧张担心，果然的表现很差，最终，没有达成交易，他开始盘算第二次甚至第三次、第四次的拜访。

拓展解析

显然，如果果然能够第一次就拜访成功，那么他的工作效率就会大大提高，而因为第一次拜访不理想，所以他要进行第二次、第三次甚至更多的拜访，这样，他的工作效率就会降低，事情就会被拖延。造成这种情况的主要因素就是犹豫、恐惧、担心。对此，解决的方法其实很简单，那就是雷厉风行。当果然身上具有雷厉风行的因素后，恐惧、不安、担心这些问题都会迎刃而解。

雷厉风行的人，往往能赢得人们的青睐，能得到众多人的拥戴，他们往往更容易做到领导岗位上，更容易拥有自己的人脉圈子，更容易获得人生的成功。人人内心都讨厌拖延，都倾向于和做事干脆、直接、爽利的人为伍。

雷厉风行的人在我们看来有更强的气场，比我们更加容易获得人脉，而人脉是成功的一个重大砝码，如果没有人脉资源，你将和成功无缘。

不管是在生活中还是工作中，面对有些事情我们总是会犹豫、徘徊，不知道如何选择，似乎患上了选择综合症，为此，有些事情被拖延了。而在事情过后我们客观地想一想，如果当时我们能很快做出选择，结果其实也不是最坏的，甚至有时候我们还会因此而获得更多。比如有些人去买衣服，似乎每一件都很适合自己，花费了很长时间去思考。这个时候如果果断选择一件，未必就是不适合自己的，而且最为重要的是这样做能够节省很多的时间与精力，提高了效率，避免了拖延。

出谋划策

综上所述，我们需要雷厉风行的“基因”，那么，如何才能让自己变得雷厉风行呢？

第一，多做决定锻炼自己。

平时多做决定，先在一些小事上锻炼自己。比如去超市购物，可以适

当提高选择物品的效率；去饭店吃饭，提高自己点菜的效率；等等。不要什么事情都依靠别人帮忙或者选择，自己多思考、多做决定。经过这样长期的锻炼，做决定的效率会逐渐提高。

第二，找人监督提醒。

找一个朋友对你进行监督提醒，当你犹豫不决、优柔寡断的时候，让朋友提醒你，从而快速做出决定。比如在工作中，可以邀请你的搭档扮演这个角色；在生活中，可以邀请你的爱人或者经常在一起的朋友提醒监督。

第三，克服心理消极因素。

有些人优柔寡断的主要原因来自于害怕、担心这些消极心理因素，如以上故事中的果然。为此，要做到雷厉风行，首先要克服这些消极心理因素，来保持自己的毅力。在这方面，我们可以与赞同自己的人多交往，来提升信心，增强自己的积极心态，激发热情。

第八章

完美是一场追求，得适当

过度追求完美造就拖延症

情景再现

有这样一个女孩，生活在一个小县城中，在一所中学当老师，每月工资三千多。人长得还可以，家里条件也不错，父亲是当地地税局的干部，母亲做服装生意。在当地来说，她的条件很好，但唯一不足的是，已到而立之年，却找不到一个合适的人结婚。

事实上，并不是没有男孩喜欢她，她在三年前就开始找男朋友，可这几年过来，总觉得没有一个合适，所以，终身大事就一直被拖到现在。

记得追她的第一个男孩是她大学时的同学，该男孩学习成绩很好，毕业后被分配到了一个相当不错的单位。她不满意的是男孩的长相，所以她拒绝了。

第二个男孩是同学介绍给她的，男孩长得很帅气，工作也不错，甚至还有房，这对于一个刚参加工作不久的人来说确实不错。对于这样的条件，她非常满意，于是怀着激动的心情与男孩见了面。然而让她感到有些小遗憾的是，他的个子很矮，甚至比自己还矮。交往了一段时间，考虑再三，最终她拒绝了这个男孩。

第三个男孩是父母介绍给她的，家庭条件不错，有一份稳定的工作，父母觉得这也应该算是门当户对，女儿一定会喜欢。她听了父母说的条件后觉得也可以，于是和男孩见了面。如父母所说，一切都还不错，长相、个头都符合自己的标准，她决定和男孩先交往一段时间。然而，在交往了一个月后，她发现该男孩在有些事情上太过于固执，总是强迫自己做一些不喜欢的事情，考虑再三，最终她拒绝了。

就这样，这几年中她见了很多男孩，却没有一个让自己满意的，不知不觉到了而立之年。和她一样大的同学都已是孩子他妈，而自己依然单身，婚姻大事被一拖再拖。有时静下心来想到这事，她的心里总是会发慌，到底什么样的男孩适合自己呢？

拓展解析

对于这类男孩或女孩，到底什么样的人适合做自己的另一半呢？可能连他们自己都不知道。原因是他们太过于追求完美，以至于产生了这样的疑惑，婚姻大事被拖延。人无完人，每个人都有缺点和不足，如果将注意力全部放在寻找完美上，那么，可能永远也找不到适合自己的另一半。

在生活和工作中这类情况也经常发生，对于自己，因为要求太高，过度追求完美，会让这类人觉得怎么自己这么没用，到了二十几岁的年纪，竟然没有一件事情是能让自己满意的。于是，开始自卑了、气馁了，开始就这么得过且过了。其实，他们只是看到别人身上太多的优势，而没有发觉自己的幸福。

人生无常，本就如四季更替。春天固然美好，却没有夏天的热情；夏天不错，但是炙热难当；秋天收获，却徒留一片荒芜；冬天修养，但是冰冷异常。如果你换个角度想这个问题，就会发现，春天有百花的芳香，夏天有蝉声的鸣唱，秋天是丰收的战场，冬天是纯净的天堂。每一个季节都有所长，每一个交换都是生命的一次补妆。

如果有完美的人生，那也是各有各的完美。不同的人生，有不同的精彩，不能用同一个标准来衡量生活是否美好。一天就可以做好的事情，因为追求完美而用了两天或者更长时间，这便是一种拖延，久而久之便会形成拖延症。

出谋划策

没有完美的人生，只有完美的想象！完美的人生，在人类的历史教科书里从来没有出现过。每个人都想让自己的人生、自己正在做的事情变得完美，然而，很多时候这只存在于理想之中，在现实中，难免会有一些挫折，在工作中，难免会有一些失败。当然，追求完美的心态没有错，但如果过度追求完美，便会陷入“泥潭”之中难以自拔。那么，该如何正确对待完美、避免拖延呢?

第一，切断高期望，承认不完美。

完美有不同的标准，我们要客观地看待这个问题，不能让完美成为拖延的借口。过度追求完美，我们只能在一件事上打转，无法兼顾其他，而不管是生活还是工作，我们要考虑的是方方面面，而不仅仅是某一个细枝末节。凡事不要抱有过高的期望，要承认不完美的客观存在。

第二，着眼大局，从整体思考问题。

过度追求完美产生的最坏结果就是影响大局，如案例中女孩过度追求完美的另一半，总是在乎一些细枝末节，影响了自己的婚姻大事，继而影响自己的生活。你想把每一件事都做到极致，最终的结果只有一个，那就是每一件事都做不好。所以，凡事要从大局出发，不要因为一些小细节而影响整个大局。

总之，完美的世界，完美的工作，完美的生活，完美的家庭……完美的人生，这些只是我们希望所在，可以去追求，但不要过度，否则，便会造成拖延。

世界上没有所谓的“最好”

情景再现

一个营销公司的经理在渠道选择问题上陷入了沉思。其实对于任何一家营销公司，渠道都是最至关紧要的一环，这个环节如果出问题，那公司随时都会面临重大危机。所以他下足了功夫，花了很多时间去做调研。

三个月过去后，同事和他坐在一起吃饭，很不解地问他，为什么他新谈好的某个牌子的产品还没有上市？按理说几个月过去了现在早就应该出来了才对。

他告诉同事，现在他手上有十几个省级代理商的渠道商资料，他自己也亲自跑过这些渠道商，和他们做过深入的交流，结果都不是很满意。这些代理商或多或少都有些问题，有的是市一级的渠道建设过弱，有的是管理较混乱，有的则喜欢胡乱加价，总之每个都有一些问题，这让他觉得难以取舍。

同事问他：“你就因为这个问题整整耽误了三个月的时间吗？”

他说：“是啊，如果不选择好，不敢轻易放产品下去。”

同事说：“等你想好了，估计别人的东西就流进来了。”

果不其然，就在他们吃饭后的半个月，其他地区的货已经开始出现了，出现了串货问题。

这时他才醒悟过来，但已经太迟了。

拓展解析

不要留恋所谓的“最好”，这个字眼拿来说教一番是可以的，但也只能姑且听之，真到做事的时候，还是要从实际出发，从眼前的客观现实出发，不能因为你所谓的最好，而耽误了事情本身的进展。此外，有些人一面说着“不好意思，我是个完美主义者，要求就是这么高”，另一面却并没有发现他所谓的完美有多牛，更和所谓的“最好”差之千里。这种对“最好”的理解，太过个人化，太过感性，和高标准本身没有关系。

世界上有最好的东西，最好的人、物，最好的事情，最好的风景，最好的汽车、房子吗？

从科学角度客观分析，答案是否定的，因为任何物品、人等都有不足之处。很多时候我们总是会要求自己或者他人把事情做到最好，然而，最好的标准是什么？显然没有一个人能够说得清楚。

用不同的标准去衡量一个人或者一个物，会得出不同的答案，所以，这世上原本没有最好的东西，只有最合适的东西。

出谋划策

做事要讲究效率，要按照一定的标准去完成一件件事，而不是花费那么多的时间去做无用功。那么，我们如何看待所谓的“最好”呢？

第一，端正观念。

最好可以用来追求，但不可以作为一种标准。所谓最好，就是要保质保量地做好自己的工作，安排好自己的生活，过好自己的人生，这样才是合理的，钻牛角尖会让人有格格不入的感觉。

第二，最合适即最好。

苹果公司前CEO乔布斯是个追求完美的人，这一点体现在苹果的各种产品上，比如苹果手机，但事实上，苹果手机一直在不断地更新升级，所以，每一款产品都不是最好的，只有最合适的。

尽力即可，无须完美

情景再现

有一个人，他从火车站回家，回到家后，发现自己的钱包不见了。钱包里有125元钱，其他什么也没有。

发现钱包丢了之后他很着急，而且很纠结，到底是去找还是不找呢？因为他住的地方距离火车站较远，而且已经很晚了，没有公交车只能打车，打车的话来回要110元。

摆在他面前有两条路：一条路是根本不去管它，就当是没有发生，和女朋友去吃烧烤；另一条路是赶紧打车去火车站，看看钱包是不是还能找到，因为他觉得是放在了火车站的饭店，应该能找到。

怎么办呢？何去何从，是去找还是不找呢？他纠结得不知道该怎么好了。两个小时过去了，他还是没能拿定主意，直到自己的女朋友来，还不知道该怎么办才好。

女朋友听说后，就问他："你的钱包是不是上大学时地摊儿上10元买的？"

"是啊。"

女朋友又说："就算你去火车站，现在这么晚，就是将钱包找回来了，一去一回的车费是110元，而且要浪费将近一个小时的时间。钱包和钱加起来总共不过125元，里面也没有什么贵重东西，你觉得值吗？况且，能不能找回来还不好说。"

男孩听了想："是啊，如果去找的话浪费时间金钱不说，还不一定能找得到啊！"想到这里，他高高兴兴地与女朋友出门去吃烧烤了。

拓展解析

表面上看，这个故事和我们要讲的问题关系不大，其实往深里想想是一回事。那就是利益的计算问题。

我们能做的就是尽力做好每一件事，而不是按照一个虚无的标准花费很大的精力、很多的时间，浪费很多的资源去完成所谓的完美。

或许，有些人对完美有情结，认为做出完美的效果才是他想要的。这个时候我们就要从利益角度去衡量是否值得！

生活也好，工作也罢，我们无法预测结果会以怎样的形式呈现，能做的就是尽力而为。其实我们可以将它简单地理解为阿Q的精神胜利法。

我尽力了，结果是怎么样，无法推测的时候，就随它去吧。这个世界充满了各种遗憾，工作当然也不例外。这种想法类似自我安慰，但它并不是推卸责任，而是面对现实的一种理智反应，智慧的折射。

一个人的一生，终归要碰到一些不平的事、一些让人伤神的人、一些吃力的工作，会失去一些不想失去的，或者是抱负没有实现，或者是理想没有着落，或者是很倒霉。你可能有一段时间很不幸，但逃避是不可能的，总归还是要面对，想开些，不平的事谁没有碰到过呢，伤心，那总是难免的嘛，至于抱负，还有时间，即使是干不了了，不是还有下一代，而且和许多人比起来，或许自己活得也不赖。这样，不痛快的事说不定就在一念之间，转瞬即逝，无影无踪。

一个人的精力是有限的，时间也是有限的，不可能将每件事都做到很高的高度，更不可能实现所谓的完美，你不可能将一辈子都妥善地安排好，因为后面会有什么变数，你不知道。今天的工作是这样的，明天就可能会有变化。

出谋划策

当我们陷入完美的泥潭中不能自拔的时候，你需要的不再是工作，不再是这样耗下去，而是从这种状态中摆脱出来，抬头看看天空，想想自己的初衷。需要反思，需要明白自己最想要的是什么，到底是一个虚无缥缈的标准，还是实实在在的成绩。以下几点可以帮助你走出“困境”，告别拖延。

第一，百分之百地付出。

做任何事情都要百分之百地付出，这是一个优秀人士做事的基本标准。百分之百地付出不一定有收获，但百分之百不付出一定不会有收获。只有百分之百的付出，才可以达到“尽力”的标准，提高做事的效率。

第二，重过程轻结果。

好的结果总是在好的过程中形成的，俗话说：“铁棒磨绣针，功到自然成。”在尽力的过程中，自然会得到好的结果，而如果我们一味地看重结果，便容易忽视过程，导致结果不完美，造成拖延。

承认不完美是一种智慧

情景再现

曾经有一档电视节目，邀请很多商界风云人物接受现场采访。有一次，两个叱咤商界的企业老总同时来到了电视台，两个人的表现截然不同。

一个侃侃而谈，举止得体，落落大方，言谈话语间挑不出一丝毛病，大谈特谈自己的成功经验；但另一个就显得有几分紧张，谈成功的同时还说了一些自己的不足。给人感觉是他和商界的成功搭不上边。如果单看这次节目上的表现，很难让人相信这个人会是一个知名企业的老总。

事后，电视台就这次的节目做了一次调查，调查的内容是两个同样成功的商人，就他们在节目上的表现，谁更让人喜欢，谁的个人魅力更大。

结果让人大跌眼镜，大多数人给出的答案都是那个表现紧张的老总更有个人魅力，更让人觉得有一种难以言说的风采。这个结果是电视台之前没有预料到的，那个“紧张老总”到底是因为什么赢得了观众的认可，那便是承认不完美。这个事情很好地说明了一个道理：人们更偏爱那些有些小“毛病”的人，而不是真的偏爱“十全十美”，一些无伤大雅的小“破绽”，反而是一种人格魅力！

缺陷，有时也是一种美！

拓展解析

每个人都是一个完全独立的个体，不应该也不可能用同一个标准进行衡量。人格魅力在这个问题上有不同的定义：有的人果断，雷厉风行；有的人寡断，却心思细腻；有的人坚韧，百折不挠；有的人爆发力强，一鸣惊人……不同的人，有不同的人格魅力，不同的人，对人格魅力有不同的标准，而不是拿别人的标准来衡量自己，最终落得个东施效颦，不伦不类。

这就好比《西游记》中的师徒四人，唐僧是个典型的“胆小鬼”，只要出现妖怪，他就会大喊“悟空，救我！”，但你能说唐僧是没有人格魅力的人吗？不能，他是坚忍不拔的人，他一心向西天，百折不回，虽然他很怕死，但我们从来没有听唐僧说过“我们散伙吧！”这样的话。他是个有缺点的人，同时也是顽强的人，就是因为他的这个胆小怕死的缺点，更让他的人格魅力大放光彩：就这么个怕死的人，从来不说放弃！

相比之下，孙悟空就显得胆大得多，他的口头禅是“妖怪，休走，吃俺老孙一棒！”这样一只猴子，他也是有自己人格魅力的：面对险恶的环境无所畏惧；面对无上的权威无所畏惧；上，敢打玉帝；下，敢闹地府。

但他太嗜杀，不得已，观音给他上了一道紧箍咒。

在与人相处的过程中，如果事事都表现得过于精明、过于完美，很容易给人造成一种不真实的假象，这种假象很容易让人对你的印象大打折扣，而不是加上一个所谓“完美”的标签。

比如人的性格有外向和内向之分。表现在行为上，外向的人往往喜欢侃侃而谈，口若悬河，和谁都有一见如故的感觉，拿自己不当外人，在容易和人亲近的同时，也给对方造成一种难堪大任的感觉，轻浮，不值得信任；而内向的人往往沉默寡言，不动如山，在给人深藏不露的感觉的同时，也容易让人产生猜疑是否“包藏祸心”。

更为重要的是，一个人如果不承认自己的不完美，就会表现出一种骄傲的姿态，在这种状态下，做事的时候便容易出错，而一旦出错，就会造成拖延，事情的进度就会被推迟。所以，承认不完美是一种智慧，然而，有些人却做不到这一点，为此，我们需要明白以下几点。

出谋划策

第一，承认不完美让自己的思维更全面。

不敢承认自己的不完美本身就是一种缺乏阅历、缺少历练的态度，说明的恰恰是我们内心的不成熟、人格的不健全。当我们承认“不完美”存在时，在做事的时候会思考得更加全面，做好全方位的准备与防护，确保事情顺利进行，提高效率，避免因为突发事件而拖延。

第二，承认不完美让自己客观看待问题。

有智慧的人，会客观承认自己的不完美，并对此有合理的看法，只有这样，我们才有操作空间，才有实现的可能；相反，那些拒绝不完美的人，在思考问题及做事时容易走上极端，反而容易出现拖延。

第三，承认不完美让自己更接地气。

生活本身是一个不断妥协的过程，这一点相信很多人会感同身受。当我们最开始进入社会的时候，会看不惯种种现象，看不到种种现实存在的问题，认为这个不合理，那个也不合理，只有自己脑子里的念头才是合理的，因为当我们年青气盛的时候，我们的想象中，社会是一个完美的大家庭。

不承认自己的缺点，总觉得自己是最完美的，没人会成为你的朋友，因为这会给对方一种不现实、不信任的感觉。所以，适当承认自己的不完美，会让你更接地气，更受欢迎。

放下固执，快速转弯

情景再现

章鱼在海里对于很多鱼类来说是非常可怕的一种生物，很多鱼类在毫无防备的情况下就成了它们的口中食、腹中餐。

因为这种鱼个头虽大，但由于没有脊椎骨，能把自己装进几乎任何一个物体里，能从很小的缝隙中穿过，即便是一个只有硬币大小的孔，它们也能钻过去。

就是这样一种狡猾的生物，渔人捉它也非常容易。他们只要把一个个瓶子拴在绳子上放进海里，之后就等着章鱼“上钩”。

为什么如此简单的方法却能捕来狡猾的章鱼呢？

这是因为那些章鱼看见空瓶子之后就争先恐后地往里钻，结果这些狡猾的家伙就成了渔人最容易捕获的对象。

拓展解析

人在很多时候也会犯章鱼的错误，一个劲儿地往自己思维的“瓶子”里钻，根本就没有想过这个瓶子可能就是自己的牢笼，进去了要怎么出

来，如同我们固执地去追求完美，有时候既得不到好的效果，又拖延了时间。

固执的人非常多，表现也是各式各样，不一而足。不管是什么样的表现形式，结果都是一样的，那就是自己挖个坑，把自己给埋了。

固执是一场痛苦的旅行。本来自信满满的人可能会因为一次类似的经历而被打回原形，甚至产生妄自菲薄、自怨自艾的局面。这种行为是自己和自己过不去的表现，只看到了生活中消极的一面，而没有注意到还有更多的希望等待自己去挖掘。因为他们没能及时转过弯来，没有看到其他方面，在错误的道路上越走越远，最终被生活抛弃，被人们抛弃，陷入死循环。

太过固执的人，人们通常会用这样的词汇去定义，如钻牛角尖、冥顽不灵、一意孤行等，不听别人的劝告，完全按照自己的意愿做事，浪费再多的时间、资源也不愿意回头。他们的本意不是在拖延，但却造成了拖延的事实。

谁都不想把自己逼进死胡同，没有退路。不过事实可不是这样，很多人在不知不觉中就走进了钻牛角尖的思维误区中，非要一条道走到黑，不见黄河不死心，就算是见了黄河也不见得就死了心。比如：

一，对一些毫无意义的所谓完美深挖到底。其实事情本身可能非常无聊，没有一点价值，但他们却乐此不疲，非要弄个子丑寅卯来不可。

二，顽固不化，冥顽不灵，认死理。坚持自己的完美标准不放手，这类人也是固执己见的高危人群，经常出现一条道走到黑的情况。

四，思想狭隘，过于自我。

五，性格过于执着。认准了的事情，打死也不愿意回头，即便是错的，也不愿意回头。

六，总喜欢和别人对着干，你说东，他就说西，你说南，他非说北。

……

出谋划策

第一，把自己固执己见的问题记录下来。

——列出这些固执可能产生的影响，看看这些影响哪些是自己能接受的，哪些是自己不能接受的。把不能接受的那些影响再单独列出来，然后尝试着去找解决的办法。

第二，面对问题，让自己尽可能地放松。

一旦感觉到自己出现了太过固执、不听劝告、钻牛角尖的现象，就让自己松弛下来。这时人的精神状态是最好的，也是最冷静的，只要能冷静下来，找到解决的办法也就不难了。

第三，换个角度去面对。

人们固执己见的时候总是想着自己是对的，而不会去考虑放一放、换个角度去思考，或者过一段时间再来解决。一旦考虑到放一放，或者换个角度思考问题，某个固执的关口也就那么自然而然地过去了，问题也许就会被快速地解决。

第四，选择合适的时机去旅游。

旅游不单能使我们的身心得到放松，而且能开阔心胸，增广见闻。我们就不会因为一点鸡毛蒜皮的小事儿纠缠不清，老是憋在心里放不下。

第五，注意重要的事情。

任何事情都分轻重缓急，把注意力放在一些重要事情上，不要在无关紧要的问题上费神费力。这样问题不但得不到解决，而且还容易在固执的情况下造成拖延。

有时半途而废不是一种错

情景再现

一天，有一个小伙子对他的主管说要跳槽，原因是对现在的收入很不满意。主管听了之后，觉得有必要和他讲讲其中的道理，毕竟自己经验丰富一些，更何况主管和这个小伙子关系不错。主管苦口婆心地说了半天根本就不管用，无奈，只能随他而去。

辞职后，小伙子仍然和主管保持着联系，一年不到的时间，他跳了三家单位，没有一家能让他满意。有一天，他跟主管说自己准备创业，开始单干，于是在父母朋友那里筹了20万元。但因为他对这个行业不怎么熟悉，事情远没有他想的那么简单，20万元不到三个月的时间就扔了出去，没有一点收获。随后，他长时间陷入了迷茫之中。

拓展解析

这是一个典型的半途而废的例子。首先，在工作中他因为薪资低选择了辞职，随后连跳三家单位，如果这个小伙子有能力和经验拿更多的薪资待遇，这种“半途而废”的做法也许是对的。但如果没有，那么就是一种错误。从最终的结果来看，这个小伙子的半途而废是错误的，因为不管是跳槽还是创业，他都是因为没有能力而失败了。这种情况在职场中比较普遍。但是，如果你的确有一定的能力和智慧，那么，在工作中选择“半途而废”开始创业，最终获得更大的成功，这便是正确的选择。

同样的道理，当我们在做某一件事情的时候，如果自己不擅长，还过度纠结，就会浪费很多的时间。对此，与其坚持不懈地去做这个自己不擅长的事情，不如“半途而废”，去做自己擅长的事情。一方面可以避免在自己不擅长的事情上拖延，另一方面可以提高自己做事的效率。

坚持不懈是对的，但有时候却是一种错。因为如果方向错了，那么离我们的初衷就是南辕北辙，渐行渐远，从而造成拖延。这个时候果断地“半途而废”是提高效率的做法。

如果错了，立刻收手，要勇于为自己的过错埋单！这样做，正是节省时间、节省生命的做法，而不是让自己在错误的道路上越走越远。

人非圣贤孰能无过。圣人会做错事，普通人有过错就更加在所难免。人的一生都在不断地犯错误，不断地纠正这些错误，在错误中前进，也在错误中成长。错误教会了你正确的做事方法，错误让你从懵懂无知的少年转变为一个干练老成的骨干，是错误锻炼了你，也是错误塑造了你，不要试图逃避因为自己犯下的过错所需要担负的责任，因为只有你为自己的过错埋了单，才知道它的后果有多严重，也才能体会正视这种过失将为自己带来多么丰硕的果实。

出谋划策

第一，树立正确的方向。

方向错了，不管我们如何去努力，得到的结果都可能会是错的，做事的效率会降低，事情会被拖延。所以，不想半途而废，就要在开始之前树立一个正确的方向，保证事情的高效性及成功性。

第二，知“错”就改。

这里的“错”指的是方向的错误，很多时候我们在做一件事情的时候，已经做了一半却发现方向不对，这时我们就应该勇敢地半途而废。比如有些人在某一行业做了一年多，没有什么发展，自己并不擅长也不喜欢这份工作，如果继续做下去，前途暗淡，没有什么大的发展，而且还会耗费自己大量的时间；但如果放弃本行业，去做自己擅长且喜欢的事情，那么，就有可能在短时间内取得不错的成绩。所以，这时的半途而废就是一种明智的选择。

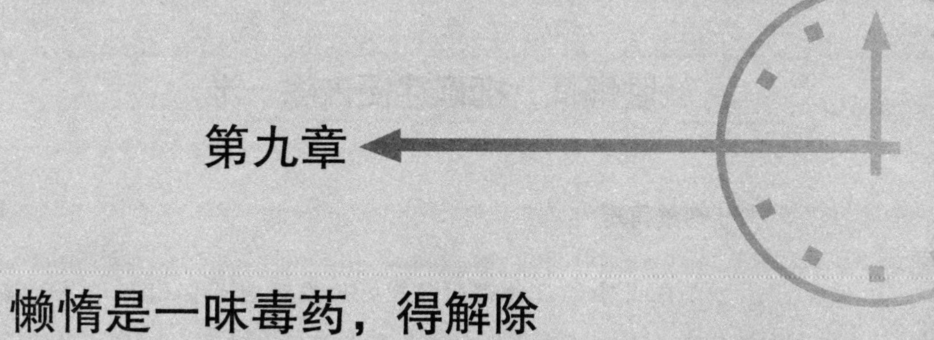

第九章

懒惰是一味毒药，得解除

战胜懒惰，拖延症便去除一半

情景再现

小张是某单位的部门经理，他发现自己部门有一个女孩子的行为很有意思，她的工作案头上总是有很多的小纸条。小张以为这是她将工作计划、内容贴出来，提醒自己及时解决，避免忘记或拖延。小张觉得这样做很不错，为此，每次从她那儿过去，他就会对她投去激励的笑容。

有一天小张加班，晚上九点多钟他才拖着疲惫的身子关上电脑，离开桌位，起身准备回家。来到外面办公大厅的时候，又经过那个女孩子的座位前，他忍不住打开灯想去看看她到底写的是什么。当他拿起小纸条仔细看后，发现上面写着诸如：

“今天工作又没完成，和昨天一样！”

“哎，感觉自己越来越懒了，刚周三就想周五，不应该呀，要好好工作，努力赚钱！”

“今天没精神，什么都不想干！”

“周五了，一周的工作没完成二分之一，下周要努力！”

……

看了之后，小张顿感郁闷，心里不是滋味。

拓展解析

拖延的开始起源于懒惰。很多时候，有些人在最初面对问题、工作时，首先想到的是要早点开始，这样就能尽快做完，然后想我马上就要开始做了，紧接着想如果现在不做又如何呢，好像也没什么，最后想干脆等一等吧，再最后清闲之后还想清闲，安逸之后还想安逸。就这样，有些事情便被无限期地拖延下去。这个女孩在工作中的表现显然很懒惰，这导致她工作中的很多事情被拖延，而从她的纸条当中可以看出，她对这种懒惰已经习以为常，甚至可能不觉得这就是拖延。

每个人身上都有懒惰的基因，只是有些人表现明显，有些人因为自制力强表现得不是很明显。比如在赶飞机的时候，同样在时间充裕的情况下，有些人会提前半个小时到机场，而有些人会坐在办公室喝茶，踩着时间赶往机场。一方面，这是由于个人时间观念不同造成的，另一方面也是由懒惰导致的。

如果我们有一双勤劳的手，面对工作，只要我们肯努力，辛劳的汗水肯定可以结出丰硕的果实。可惜的是，有些人年初为自己列了一个长长的计划单，到了年尾再看的时候却发现，上面的计划历历在目，但却没能实现一条。

出谋划策

第一，端正思想。

拖延症的根源就是懒惰的思想在作怪，不想劳动，不想干活，好逸恶劳，站着想坐着，坐着想躺着，躺着想睡下，睡下就想找个更舒适的床。这就是恶性循环，一味地在寻求舒适的环境，不愿意去面对，不想去承担，不想开始本该早就开始的工作，更重要的是这种寻求的欲望在最初的放纵下尝到了甜头，然后一点点逾越，最后到一发不可收拾的地步。所以，要想去除懒惰的行为，首先要去除懒惰的思想，培养勤劳积极的思想。

第二，将事情细分。

很多人产生懒惰思想的原因是一看到大量的工作就没有了积极性，有一种被打败的感觉。其实，如果我们把事情细分，每天做一点，没有做不完的事。很多工作本身乍一看可能很吓人，但如果分解到每一天，它就不是那么繁重了，合理安排好自己的时间，做好任务规划，按照规划保质保量、按部就班去完成，不知不觉中，那个看似移山一样的工作，很快就结束了。

第三，从小事培养。

每天起早一些，每天的工作提前10分钟完成，每天上班出门早一些……这些小事情如果每天都坚持去做，那么，久而久之就会养成勤快的习惯，去除懒惰的毛病，避免一些事情因为懒惰而被拖延。

做些分外的工作更有益

情景再现

老板的助手小刚，半年前从大学毕业。他的学历并不出众，专业知识也一般，不过做事很认真积极。

小刚来公司之后，连续两个星期老板发现，别人都下班回家了他却还没有下班，而是帮助同事做一些事情。老板问其原因，他说自己刚来，对公司、业务都还不是很熟，所以想帮助同事做一些力所能及的事情，熟悉一下工作。

其实，公司并不是很忙，基本上不加班。偶尔有些端茶倒水、打印文件的事情都是老板自己做。看到小刚工作很努力，老板多次说让其下班早点回去。而他每次都说自己一个人租的房子，回去了也没有什么事情可

干，多做一些工作更充实。

就这样过了六个月，也就是刚过了新员工试用期。半年前来的新员工大约一半由于各种原因离开了公司，而小刚被老板直接提拔为自己的助理。

拓展解析

显然，小刚是一个勤快的人，在做完自己的工作后，还能够加班帮助同事做一些分外的工作，更是一个积极认真的好员工。进一步深入分析，小刚的积极认真使他的每项工作都做在了前面，不但没有拖延，而且还能够帮助同事做工作。

没有人要求小刚晚上下班后继续呆在办公室工作，但是他做了，事实上也只是比别人多做了一点点，而就是因为这一点点，赢得了老板的赞赏，获得了理想的职位。这便是勤快的果实。

当下有太多的人在研究成功学，其实所谓的成功秘诀就是战胜懒惰，不要只盯着自己的一亩三分地，多做一些分外的工作有百利而无一害。不要觉得自己吃亏，这样不仅仅是为了获得更多的经验和知识，同时也是一种战胜懒惰的方法。

比别人多做一点，就是比别人多向前跨了一步，在职场中尤其如此。各人自扫门前雪，休管他人瓦上霜的心理在这里是不可取的。做些分外的工作，对我们更有益。

出谋划策

第一，做分外工作可提升个人知识面。

在经济高速发展的今天，社会分工已越来越细化，每一份工作都形成了一个独立的知识系统。当我们做完自己的工作后，再去做一些分外工作的话，无疑会扩展个人的知识面，比如编辑在做完工作后帮助策划做事，那么他久而久之就会拥有策划的知识，这对个人思维发展有很积极的作用，有助于我们在做事中找到更加高效的方法。

第二，做分外工作可提升个人能力。

俗话说“艺多不压身”，所谓艺多，就是拥有多种技术，会做多种工作，比如在工作中，你既能做编辑的工作，也能做策划的工作，那么，你就是一个有能力的人，可以让领导刮目相看。而当我们做一些分外工作的时候，便能够提升这方面的能力，让自己变得更有能力。更为重要的是，能够提升我们做事的效率。

第三，做分外工作赢得个人发展的机会。

比如在职场中，不要认为多做一点是上司老板的事，即便是底层员工，你所做的每一件事不管是老板还是上司他们都看在眼里，你所有的付出，对公司贡献的大小，没有人比他们心里更清楚。你比别人多做一点就是多给自己一个机会，多赢得老板和上司对你的信任。对于你的客户也是这样，把他们服务好，就是给自己的职业生涯上了一层双保险。

告别做事三分钟热度

情景再现

当年马云获得中央电视台年度经济人物时，他说过这样一段话：

“五年以前，也是这个时候，在长城上跟我的同事们，我们想创办全世界最伟大的中文公司，我们希望全世界只要是商人一定要用我们的网络，当时这个想法，很多人认为是疯子，这五年里很多人认为我是疯子，不管别人怎么说，从来没有改变过一个中国人想创办全世界最伟大公司的梦想。1999年的时候，是互联网最痛苦的时候；2001年、2002年的时候，我们在公司里面讲的最多的字就是‘活着’。如果全部的互联网公司都死

了，只要我们还跪着我们就是赢的。我永远相信只要永不放弃，我们还是有机会。最后，我们还是坚信一点，这世界上只要有梦想，只要不断努力，只要不断学习，不管你长得如何，不管是这样，还是那样，我们就会成功。所以每个人不要放弃今天。”

拓展解析

是马云的坚持不懈有了今天的阿里巴巴，有了淘宝，有了今天的天猫商城。今天在互联网高速发展的时候，在电子商务大行其道的时候，没有一个人能否定马云所做出的成就。他取得了巨大的成功，获得了全世界的认可。

但如果当时他朝三暮四，做事只是依靠三分钟热度，碰到问题、遇到挫折、面临困难就退缩了，害怕了，那么，我们今天或许看不到马云，更看不到他的成功。

人生的路，就像是一场比赛，最可怕的敌人不是对手，而是缺乏坚强的信念。一日一钱，十日十钱，水滴石穿，绳锯木断。《易经》说：“天行健，君子以自强不息。”王勃在《滕王阁序》中也提出：“穷且益坚，不坠青云之志！”奥维德说：“忍耐和坚持虽然是痛苦的事，但却能渐渐地为你带来好处。”成功需要一个过程，不能一蹴而就。

现在是一个高速发展的信息时代，每天可能都是不一样的，信息在不断更新，知识在不断进步，事情也在不断地往更加复杂而有难度的方向延展，这就是现实。工作中，你可能每天都会碰到新情况、新挑战，以及从来没有遇到过的问题，这些就需要你去适应这种不断变化着的新社会、新时代。现在的困难可能已经不再是了解一个行业的问题了，而是如何能不被这个行业不断变化的情况所抛弃。如果没有坚强不屈、坚持不懈的精神，就很难赢得未来。

成长是一个艰辛的过程，成功更不是随便说说那么简单，需要大量的实践，做繁重的工作，在不断进取中把握良机，图谋进取。在这个过程中任何人都会面对一些不知所措的问题，唯一能支持下去的理由就是坚持。在这种精神的鼓舞下，面对问题不气馁、不妥协，理智面对，客观分析，逐一解决，告别做事时的三分钟热度，避免拖延的产生。

出谋划策

不管做任何事情，如果三天打鱼两天晒网，终将一无所获！做事三分钟热度，一遇到困难就放弃的人，他们缺乏毅力，不知道坚持，没能在通向成功的路上迈出两步，就退出队伍了。当然，最终他也将自己参与成功者竞争的资格让给了别人，从此以后只能看着别人的故事，抚慰自己的心灵。对此，有以下几点需要我们注意。

第一，保持做事的兴趣。

如果你对做某事一直保持着兴趣，那么，你就能在命运的风暴中奋斗，取得成功，所谓锲而不舍金石可镂。当年蒲松龄屡试不第，之后他给自己写了一副对联：有志者，事竟成。而要对某事保持长久的兴趣，就要懂得去寻找兴趣，比如你准备学习瑜伽，学了一段时间后就没有了兴趣，以前你可能会每天练一次，随后你可能会两三天练一次。如果是这样，你学习瑜伽这件事就会被耽误。而如果我们在练瑜伽的过程中能够不断找到一些有趣的事情，那么，起初的热情就会保持下去。

第二，设定提醒功能。

三分钟热度的最大特点就是常常会忘记要做的事情，这是因为不感兴趣导致了不重视，从而出现遗忘。为此，我们可设置提醒功能，比如定闹钟，在一定时间段内提醒自己需要做的事情，以及它的重要性。

与懒惰的伙伴保持距离

情景再现

邝子平是我国著名的基金投资人，同时也是启明创投的董事总经理。在没有担任这个职务之前，他有过六年的英特尔投资中国战略总监的工作经验，而且还有在思科的工作经历。他人生的成功，和他的人脉圈子有直接关系，甚至可以说是他的人脉圈子促成了他的成功人生。

他是斯坦福计算机专业硕士研究生，在斯坦福大学，他结交了一批对他影响很大的朋友。这些人后来也都回了国，成为了邝子平回国后创业、工作的重要伙伴。这些人有：张锐，美林中国董事总经理；陈捷，东京电子中国总裁；茅道临，曾经的新浪董事长；林伟萌，泰达荷银基金公司CEO。

从斯坦福毕业后，邝子平进入了一家公司工作，干了三年。这期间他建立了第二批人脉圈子。三年后，他进入了思科，也是因为他的朋友。他自己曾经说过："我找到一个朋友，他当时是思科驻香港负责人，他告诉我，思科在招人。"进入思科之后，他在原来公司的那些朋友也有不少一起进入了思科。因此工作起来就显得方便了很多，因为不需要磨合，彼此都是早年的朋友，做起事来得心应手。

在思科呆了五年。这五年邝子平建立了自己的第三个人脉圈子，这个圈子都是业内人士，国内外很有名气的IT精英。邝子平本人曾坦言，他的第三个人脉圈子对他以后的投资事业起到了很大的作用。

离开思科，邝子平进入了英特尔投资部，对他而言，这又是一个人脉圈子，这个圈子对他后来的事业有着至关重要的作用。在那里，他在投资这个圈子里获得了重要的人脉关系，比如美国软银创业投资基金会创始人Gary Rieschel。此人曾动过挖走邝子平的想法，但后来没有成功。不过，他们后来成为了同事——六年之后，他和这个朋友一起创建了启明创投公司。

拓展解析

邝子平的事业之路，每一步他的那些人脉圈子都紧紧跟随。从事计算机相关工作的时候，他认识了一大批的IT精英，后来进行创投工作，也是因为这个圈子的人他才走上了这条路，进而开始自己的创业之路。

每个人的人生都是如此。人们希望自己获得成功，但如何能获得成功？单靠自己一个人的力量则显得太过单薄。只有不断地调动那个圈子里的力量，从别人的身上找到帮助，这样你才能走向成功。

他的成功可以说和他的那些朋友紧密相连，反过来，如果他结交的是一群不思进取、懒散成性、好逸恶劳、游手好闲的人，邝子平的人生就不会被改写。

人是环境的动物，我们不可避免地要受到来自外界的影响，其中对我们影响较大的就是我们身边的朋友。所谓“近朱者赤，近墨者黑”，古语也说“与善人居，如入芝兰之室，久而不闻其香，即与之化矣。与不善人居，如入鲍鱼之肆，久而不闻其臭，亦与之化矣”。讲的就是身边的人对我们的影响力。所以，如果你想减肥，就不要和胖子做朋友；如果你要勤奋起来，想要成为一个成功者，就要远离那些懒惰的人！

个人的成功从某种程度上来讲，和我们的事业紧密相连。如果能和这个事业相关的人有交往，那将会对我们的事业发展起到很大的推动作用。

出谋划策

第一，向积极的人靠近。

把勤快、积极作为交友的标准，俗话说：“近朱者赤，近墨者黑。”与勤快、积极的人做朋友，经常和他们在一起，自己也会变得勤快、积极。同时，当勤快、积极的朋友多了以后，就会减少与懒惰之人在一起的机会。

第二，分析完善朋友圈。

客观分析自己的朋友圈是否完善，自己的朋友圈中还缺少什么样的

人，要和什么样的人来往，等等。通过这些问题的分析，明确自己朋友圈的缺陷在哪里，从而有目的地进一步完善。同时，也能够与懒惰的伙伴保持距离。

积极的思想能引导人，消极的思想也同样能感染人。我们不知不觉地会从那些优秀的朋友身上汲取优秀品质，同样也能从那些懒惰的朋友身上学到懒惰的思想，养成拖延的习惯。

今日事尽量今日毕

情景再现

刚子是一个小学五年级的学生，他非常喜欢寒暑假，因为在假期中他可以没有约束地玩两个月，但是对于老师布置的寒暑假作业却深恶痛绝。老师在布置作业的时候都会告诉孩子："回家之后，每天要安排一点时间去完成这些作业，现在看上去很多，如果每天都做的话，其实不用很长时间就会做完。"刚子也算了一下，把这些作业分到每天确实不多，很容易就能完成。然而，刚子在暑假玩得太开心，第一天没做，第二天也没做，因为假期刚开始，有的是时间……半个月过去了，还是没做，因为压根就忘了这件事……在假期快结束的时候，刚子看到几乎没动的假期作业，开始着急了，每天加班加点地写作业，可是到了开学的那一天，依然没有做完。

拓展解析

通常，学生的一个假期有60天，如果每一天做一页假期作业，60天就可以完成60页，相当于一个学生所有的假期作业。对于学生来说，每天完成一页假期作业，应该是相当容易的事情。而故事中的刚子却把今天做的事情推到了明天、后天……这是一种懒惰的表现，也是产生拖延的主要原因。其实，做任何事情都是一样，今日事今日毕是一种高效的表现，反之就会养成一种懒惰的习惯，从而造成更严重的后果。

今日事今日毕，这是一个良好的做事习惯，也是解决拖延症的良方。每天的工作在当天完成，决不欠账，那我们的生活就会轻松很多，不会有太大的紧迫感或压力。很多时候，我们之所以感觉太忙，压力太大，那是因为我们忽略了自己那些“闲”的时间，因为那些轻松、惬意的时间本该用来做事，却被你浪费了。最后将所有的事情都集中在一周，甚至三两天完成，如果这样你还不觉得忙，那就该被辞退了。

我们总是习惯等一等、看一看，反正还有时间，明知道现在就开始做，今天的事情今天结束是对的，但就是不愿意真的动手。最终导致问题一起堆积到面前，以至于无法解决。或者，有的人并非因为太过拖延的问题而导致了当天的事情没有完成，那就是缺乏有效的时间管理，这个问题相对而言倒是很好解决，毕竟它不是一种恶习，只是做事能力的欠缺，稍加努力就可以弥补。

出谋划策

第一，把每天做的事情进行细分。

这里的细分主要指对事情进行分割，也指对事情进行分类。不能否认的一个客观事实是，在实际工作当中变数永远存在，谁都不知道今天会发生怎么样的变数，所以我们在列任务时，需要先将主要的工作，最重要、最急需解决、最繁杂的事情列出来，优先着手处理，即便有了变数，比如家里出事需要回去，这样当天最重要的事情大概也解决得差不多了，对明天的工作就不会产生多大的影响。

第二，晚上总结工作，确定第二天要做的事情。

每天做完最后一件事情后，无论多晚都要进行总结，然后确定第二天要完成的事情。这个过程可以躺在床上进行，之后安心睡觉。这样会让我

们在第二天起床后就有一个清晰的规划和明确的目标。

第三，早上简单规划。

每天早上将一天的工作梳理一下，然后写在纸上，放在最醒目的地方，提醒自己今天要干什么，有几项工作要完成。时刻提醒自己，促进工作效率。

时刻保持积极的心态

情景再现

一个人想挂幅画，他有钉子，但没锤子，他知道邻居有锤子，于是他决定去借。

就在出门的时候他犹豫了，心想：他要不借，那怎么办？昨天我和他打招呼，他就爱理不理的，好像对我不满，我又没做什么对不起他的事，难道他以前对我那么热情都是装出来的？就等我今天去借他的锤子？这样一来他不就以为我要依赖他了吗？以后事事都要靠他帮忙，要我对他低头哈腰的？难道这一切都是因为他有一个锤子吗？我受够了……

于是这人迅速跑到邻居门口，按响门铃，邻居开了门，还没来得及说早安，就听那人冲他大喊："留着你的锤子给自己用吧，你这个阴险的恶棍。"

拓展解析

是什么导致他有这样的想法呢？显然是心态问题，他的阴暗的心理让他完全看不到生活里阳光的一面，只有负面的诅咒，恶毒的诬陷。他花了那么多的时间去揣摩对方的心思，其实完全是自己臆测出来的，他之所以会这么想，就是因为他消极的心态。非常简单的一件事，就是去敲敲门，然后把锤子借出来。而他事情没办成不说，还对无辜的邻居发了一通莫名其妙的怒火。

生活从不缺乏我们想看见的美好的一面，缺乏的是我们寻找美好的心态。每年都能听到或者从报道上看到有不少年轻人因为各种各样的理由自杀，有些因为失去了爱情，有些因为找不到生活的希望，有些因为生活的压力太大失去了信心，等等。他们正值青春年少，处在人一生最有希望、最有潜力的时期，也是人的一生中创造力和精力最饱满的时候，而他们却选择在这个时间段结束自己的生命。他们只是看到了生活中不如意的一面，在他们的思维中，生活就是受罪，是斗争，是无休止的争夺，在这场争夺战中，他们没有希望成为胜利者，只能用死亡这种方式宣布退出。

然而他们没有想到，其实悲伤也有另一面：失恋了，这说明你不用在一个人身上浪费时间了，有了更多的选择；失败了，这说明你还有很多的机会去成功；压力太大意味着你需要时间进行反思；山穷水尽的时候往往意味着柳暗花明。正所谓车到山前必有路，船到桥头自然直。事情本身并没有我们想象的那么糟糕，虽然它看上去并不像之前预想的那么美好。如果这样思考，其实很多事情都可以更加高效地完成。

积极的心态对于解决问题有先天的优势，它能让我们看到更多希望，在绝望中发现别人发现不了的可能。拥有良好的积极心态，生活的阳光会跑遍你生活中每一个阴暗的角落，如果心态很差，很消极，即便是最应该灿烂的生活之路，也会阴云密布，让你看不见一点生活的乐趣，你更加不会去主动解决问题，拖延便开始了它的脚步，问题从此日积月累，直到覆水难收。

出谋划策

第一，坚持每天做一件让自己有成就感的事情。

有些人也许会说：这样太难了吧！其实很简单，每天能够让自己产生

成就感的事情很多。比如帮助同事完成工作，得到了同事的感谢；扶一个老人过马路，被热情感谢；出色完成工作中的任务，得到领导的嘉奖；等等。不管是大事小事，每天都让自己有一种成就感，可以提升自信心，更为重要的是能够维持自己积极的心态。

第二，学会调整情绪。

有些人在遇到一些困难或者突发事件后，就会显得焦急难耐，一时不知道如何是好。本来容易解决的问题，因为情绪过于焦急，思维被束缚，让一些简单的事情变得复杂，让复杂的事情变得更加复杂。对此，如果这些人能够把握好自己的情绪，遇到棘手事情时冷静一些、淡定一些，可能会想到更加高效的处理方法。

第三，保证充足的睡眠。

从人体生理角度分析，一个人如果休息不好，就会导致心理出现问题，比如焦躁不安、无精打采等，会极大影响一个人积极的心态，懒惰、拖延也会乘机衍生。为此，每天保证充足的睡眠，可以维护心态的积极性。

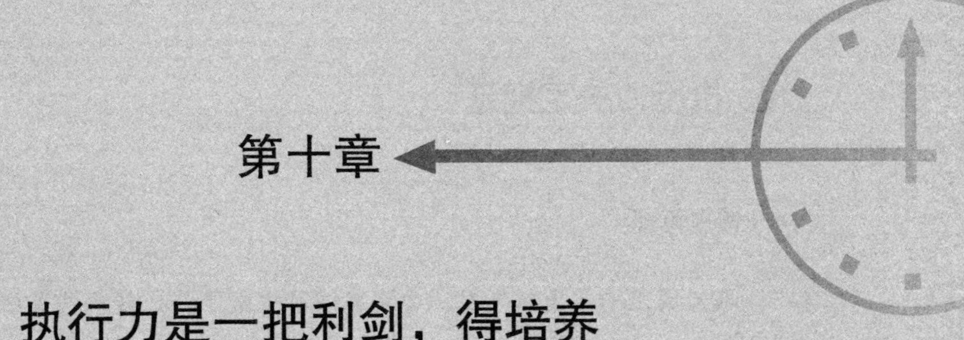

第十章

执行力是一把利剑，得培养

执行力决定拖延

情景再现

刘爱国是一位退伍军人，由于在演习中受了伤，转业到了地方，成了一位残疾的退伍军人。为此，他找工作非常不容易，应聘了很多单位，都因为身体原因被拒之门外。

这天，他到一家国内知名企业应聘，前台一看他的身体状况，便拒绝了他。通过很多方法最后终于见到了公司总裁，他非常严肃地对总裁说："请您录用我，我保证完成您交给我的每一份工作。"

总裁了解到他的情况后，不相信他会做好工作，可能出于同情，便开玩笑似的说："行吧，你先帮我办一件事情，明天是我女儿的生日，你到这个店里去买一个粉色的布娃娃，下午5点送到车站给我。"说着，老板给他把购买礼物的地址和他下午要坐的车次写在一张纸条上，为了防止买错，老板还仔细描述了布娃娃的形状和颜色等。

刘爱国接过纸条，坚定地对老板说："保证完成任务。"于是，刘爱国按照纸条上的地址找到了买礼物的地方，可是这里并没有总裁描述的礼品店，没有出售的布娃娃。然后他打总裁的电话，想再次确认地址，可总裁的电话是关机状态，这该怎么办呢？

有些人可能会想："算了吧，给的地址都是错误的，这个任务没法完成。"

而刘爱国却想："既然答应了总裁保证完成任务，就一定要完成。"

所以，他通过扫街的方法寻找这家店，终于在距离原地址2公里的地方找到了总裁说的那家店。然而，让刘爱国郁闷的是这家店已经关门，站在店门口，隔着玻璃还能够看到总裁说的那个布娃娃。

对此，有些人可能会想："回去告诉总裁，他地址给的是错的，好不容易找到地址，但人家关门了，这也不能怪自己。"

而刘爱国想："我答应过总裁，一定要完成任务。"

于是，他通过网络、黄页的方式查到了这家店老板的电话，并打电话给店老板说明了情况。原来店老板的朋友当天结婚，他去参加婚礼了，所以当天没有营业。而且他正在参加婚礼，走不开。但在刘爱国的再三请求下，店老板终于同意过来开店。

就这样，刘爱国完成了总裁交给自己的任务，并将礼物准时送到了车站，交到了总裁手上。总裁拿到礼物后，非常感动，因为给的地址错误、手机关机都是他故意的。看到刘爱国有如此强的执行力，没有任何的拖延，当即决定录用他，并给出了很高的待遇。

拓展解析

换位思考一下，很多人在遇到像刘爱国完成任务时遭遇的情况后，大多都会放弃，因为他们会觉得这是总裁的失误，是自然突发情况，不是自己的错，自己也没办法。相信大多数人都会这样想，并去这样做。结果就是总裁交给自己的事情被拖延，同时也体现了个人执行力的低下，当然总裁也不会雇用他。

刘爱国的想法与做法体现出强烈的执行力，因此，事情没有被拖延，按照总裁的要求完成了任务，得到了总裁的认可。

所以，执行力的强弱直接关系到工作效率的高低。一个执行力强的人，肯定不会是一个做事拖拉、喜欢拖延的人；反之执行力过弱，必然是因为拖延。

什么是执行力？它分为两种，分别是个人执行力和团队执行力。就个人执行力而言，它指的是一个人把领导的想法或指令转变成自己的行动，行动转为结果，保质保量完成任务的能力。团队的执行力简单讲就是将策略转变为满意的结果的能力。

单说个人执行力，保质保量完成任务很重要。如果给你安排一个工作，让你一个月之内完成，你拖到了明年，这能叫保质保量吗？肯定不是！所以个人执行力和拖延是天生的冤家对头，有我没你，有你没我，个人执行力的强弱直接决定了拖延的强弱。

给你一个任务，你完成了，再给你一个任务 ，你又完成了，保质保量，这样的员工是让领导喜欢的合格而且优秀的员工，是执行力强的员工，在单位里有希望，前途光明；给你，个任务，你拖着，再给你个一任务，你又拖着，当准备分给你第三个任务的时候，发现你第一个还没有完成，你就可以考虑收拾包袱准备走人了。

出谋划策

培养良好的执行力是消除拖延症的良方之一。提高自己的执行力，对于提高工作效率和工作能力都有极大的帮助，对此，有以下几点需要我们注意：

第一，第一时间着手解决问题。

这需要我们有当机立断的精神，在遇到问题后，马上就开始处理。比如一份工作需要10天完成，但事实上他只需要6天左右就可以完成，这时要克服“时间还早，最后几天再做”的类似想法。当机立断，马上动手去完成。

第二，树立积极的情绪。

犹豫、等待、厌烦等消极因素是执行力的最大阻碍，如案例中，刘爱国在遇到问题后出现以上几种情绪的话，任务就不会那样干净利落地完成。所以，我们要克服这些消极情绪，不再犹豫，坚定信念，从而提升执行力，降低或者消除“拖延力”。

第三，假设结果。

在你要做某件事情时，可以先假设如果怎么样，就会怎么样，采用“如果……那么……”的公式，可以清楚完成不了的危害性。特别是在情绪低落的时候，这种方法能够促进自己的执行力。

培养快速决定的魄力

情景再现

小张是刚来某贸易公司的一名业务员，来公司的第一天，经理便给新入职的业务员们讲述一些和客户打交道的方法技巧，希望他们能在最短的时间内上手，成为一名合格的员工。其中经理再三强调的一条就是临时做决定。

起初，小张并不明白其中的意思，在后来遇到的一件事中，他明白了其中的道理。事情是这样的，这天他接待了一位客户，在沟通谈判的过程中得知对方已经拜访过好几家公司。该客户对小张提出的优惠条件不满意，希望能得到更多的优惠条件。因为自己的权力有限，所以没有答应也没有拒绝客户的要求，事情就这样被拖延了三天。

小张第四天联系客户的时候得知，对方已经与别的公司展开了合作。

事后，小张将情况告诉经理，经理说：“虽然你的权力有限，但是在关键的时候要学会快速做出决定，这样才能提高做事的成功率。”

拓展解析

碰到类似的情况，我们经常会扼腕叹息。面临选择的时候 ，我们必须要做出决定，要么你就一口回绝，事情或许有回旋的余地，或者委婉应承一二，然后再行磋商。他看到的不单单是这次优惠合作，更看重的是你这个人。所以个人魄力的大小，在面对人际交往的时候、在处理问题的时候、会发生很大的作用。我们要培养这种能力，尽量减少这种因为个人魄力不够而带来的不必要的损失。

犹豫不决是前进道路上的大敌！当你遇到十字路口的时候，如何选择成为关键，你必须要在最短的时间内做出决定，不管怎么选择，你都要给出自己的答案。条件许可的情况下，我们可以深思熟虑，如果条件不许可，我们应该快速断决。

出谋划策

第一，有主见。

要有自己的主见，这是最重要的一环。别人说什么，我们也跟着说什么，这叫鹦鹉学舌，这是没有思想、没有见识的表现。爱默生说要独立地思考问题，不要人云亦云，英国有句谚语说一个人不听劝告不好，但若听任何劝告则一千倍的不好，所谓“听人家的喝，砸自己的锅”。

有主见不单要求在面对普通人的意见、喜恶时保持清醒的头脑，即便在面对所谓的权威时，也不能丢失自己独立的思维。每个人都有犯错的时候，所谓“智者千虑必有一失，愚者千虑必有一得”。权威也不见得就完全对，或许自己的看法更接近事实、接近真理。这样一来，我们做出判断的时间就会大大缩短，随机应变，临时就能给出自己的看法。

第二，有勇气。

很多人之所以对某些事情不能快速决定，就是因为他们缺乏一定的勇气，担心决定做出之后会产生不好的后果，于是开始犹豫不决，不知道如何是好，继而拖延了事情的进度。为此，有些时候需要拿出自己的勇气，坚定地去做决定。

收回你的注意力

情景再现

王海做生意已有5年时间，但一直不是很成功，基本没赚到多少钱。这几年都是原地踏步，没有什么大的发展。

5年的时间里，王海做过很多行业，比如服装、电器、电子等，卖过手机，开过饭店，做过旅馆，甚至尝试过短途物流。涉及的行业虽然很多，但没有一个行业做得成功。回顾过去，总会让王海有一种挫败感。

记得刚开始做服装生意的时候，很有激情，很多事情都会提前执行到位。然而，在做了一段时间后，他便开始有些分心了，注意力不再那样集中，总是想着更好的项目。为此，给客户发货经常会出现拖延现象，进货也不及时。生意越来越不好，后来，他放弃了服装生意，做电器销售，但也没做多长时间就坚持不下去了。

就这样，王海5年时间做了很多行业，但每一个行业都没能做太长时间，自然也没有大的发展，现在的他开始有些迷茫了！

拓展解析

不管哪个行业，做什么工作，浅尝辄止都是禁忌，还没有从事一两年时间就认定这个行业不适合自己，目光立刻转移，然后发现另一个也不适合自己，再次转移。到头来你一直在寻找的路上，始终不知道终点在哪里。其实终点就在你脚下，只要你停下来，方向就对了。

收回你的注意力，全身心投入梦想，目光坚定，志在必得，坚持不懈。多数人在做决定之前都会进行衡量，在得与失之间进行比较，趋利避害，这是人的本能。同时这种本能也在很大程度上阻碍了更多人追逐梦想的脚步，因为梦想的实现需要放弃很多眼前的好处。比如安稳的工作，舒适的环境。需要打拼，而且前途未卜。看似不着边的事情，为什么要去做呢？

所以很多人一边在为实现梦想而奋斗，一边又在为自己悄悄地找后路，不再把全副身心都放在理想的打拼上。他们希望能在失败之后有路可走，这么一来就等于是在心理上假设自己不会成功。未战先怯，必定死在战场上。狭路相逢勇者胜，没有这份胆识还是不要逼着自己上的好。

三心二意是做事大忌，注意力集中在某一个点上，才有可能取得突破。我们的精力是有限的，今天想干这个，明天忽然厌倦了，觉得那个事情干起来可能也不错，再过几天，你的目光又转移了，这样的人注定一生碌碌无为，无法走太远。

再伟大的人，也只能在某一个特定的彼此相连的一两个点上发光发亮，不可能每一个方面都非常突出。这就像做学问，今天咬一口数学，明天啃一口物理，后天又跑去研究化学，大后天你又开始想象如何成为一名哲人。结果只能是每一门学科都止步在大门外，无法真正登堂入室。

专注一件事，将它做深、做透，做到顶尖，就是成功。所谓样样皆会，样样不精。对于梦想的追求需要全身心地投入，三心二意的人不管做什么事都很难有良好的收尾。一心一意未必能成功，更何况心不在焉、朝秦暮楚？只有全身心地投入到开拓梦想的事业中去，梦想才会在适当的时候光顾你，给你惊喜。

出谋划策

第一，树立坚定的信念。

罗曼·罗兰说：“最可怕的敌人，就是没有坚强的信念。”正所谓有志者事竟成，没有比人更高的山，没有比脚更长的路，只要一步一个脚印地往前走，再高的山峰都会被你踩在脚下。创造了阿里巴巴、淘宝的马云曾经说：“昨天很残酷，今天更残酷，明天很美好，但是很多人都死在了今天晚上。坚持不懈才能赢得最后的胜利，笑到最后的人才是真正的赢家。”

第二，找到兴趣点。

一个人，如果能够长期对做某事感兴趣，那么他就会坚持不懈地去做。为此，当我们发现自己对某些事情失去兴趣的时候，不妨换一个角度去思考，挖掘让你感兴趣的地方，以此来保证自己强烈的注意力，从而提高做事的效率。

明确目标，完善计划

情景再现

实现理想需要时间，同时也需要技巧。日本马拉松冠军山田本一多次获奖，之后，他在自己的传记中道出了成功的秘诀。

他曾说，他在每次跑步的时候都会给自己定一个阶段性的目标。比如刚开始跑的时候，他会找一个参照物，作为自己的第一目标，当跑到这个参照物之后就会产生一定的成就感，随后他会再找一个参照物，把它当作自己途中的下一个目标。

这样，他只要看着那个参照物跑就行了，每当跑到自己设定的参照物后，就增加了一份信心，获得了一种成就感，同时也更加坚定了跑到终点获得冠军的信念。

拓展解析

山田本一成功的方法很简单，那就是将目标分段实现，也就是说在做事的时候可以由多个小完美来实现最终的大完美。

物质在当下社会的重要程度不言而喻，追求财富、追求完美是时代的最强音，但有不少人在这过程中太过急于求成，还没有开始工作，就想超过比尔盖茨、李嘉诚，但却不知道该怎么做好自己手头的事情。

好比爬山。很多爬山运动员都把珠穆朗玛峰作为自己人生的目标。但他们不会一开始就跑到喜马拉雅山去攀登这座世界最高的山峰。首先要做的是从不到1000米的山开始爬起，一点一滴地积累爬山经验，然后是2000米、3000米……当经验、技术积累到一定程度的时候，再做好最充分的准备去征服珠穆朗玛峰，这次不行，下次再来。

天下大事必作于细，天下难事必作于易。任何一个大目标都需要很多的小目标作为支撑，就像是伟大的人物都是从小人物开始的。如果在最开始的时候定下了宏伟的计划，但却没有执行，无限期地拖延下去，这和没有计划、没有目标是一样的。

理想的实现需要不断地努力，一步步走。有一名记者问万向集团老总鲁冠球为什么能成功。他回答的颇耐人寻味："有目标，沉住气，悄悄干。"理想可以看作目标本身，沉住气，悄悄干，要实现理想不是一下子的事，成功需要分阶段实现。一个人不管目标多大，是希望名扬天下或者发财致富，都不是一时半会儿能完成的。比如你现在身无分文，明天醒来想有一千万，这是不现实的，但如果你给自己定的目标是十年后有一千万，然后将这一千万分配到每一年当中，并根据自己的能力制订详细的实现计划与操作方法，如果计划和方法符合自身能力与社会环境，那么，十年一千万就有可能会实现，因为你找对了方法。

同样，我们在做某件事情的时候，总希望做得完美，过度追求完美可能会造成拖延，而如果我们找对做事的正确方法，那么就能够让这件事情尽量的完美而不拖延。

出谋划策

第一，量化目标。

比如你想开一家公司，而且要开最完美的公司，可以先去量化这个目标。

首先，确定行业，对该行业进行深入的研究分析，比如可以先给别人

打工，从工作中学习必要的经验技能。其次，积累人脉，有意识地构建人脉圈，并有意识地去管理。最后，资金准备。在打工中通过积累或者筹资等方式准备资金。显然，这种做事方法有利于我们快速完美地实现目标。

第二，阶段性目标要明确。

每个阶段的小目标必须要非常明确，不能稀里糊涂，自己都不知道每个小目标到底是什么样的。那样一来，每个目标实现的希望就很渺茫了。没有明确的目标就没有明确的操作空间，今天不知道该干点什么，明天也一样，后天还是。时间就这样一天天被浪费掉了，到头来还是一事无成。

第三，阶段目标要有时间限制。

不管阶段目标是什么样的，都要给它上个紧箍咒——时间限制。如果没有时间限制，什么时候完成不明确的话，一来没有紧迫感和危机感，时间浪费很严重，二来可能在不知不觉中放任自己，时间一长就忘记了目标的存在。好比你有一个目标是五年内赚够一百万，小目标也设定好了，但什么时候完成这些小目标不知道。如此一来，明天和今天就没什么两样了，还谈什么目标呢？

第四，阶段性目标要有可操作性。

任何阶段性目标的存在都是为了大目标，为了实现理想而存在的。它们是不是能实现直接关乎最终目标的实现与否。如果每一个阶段性目标都没有完成，最终你的目标也会完成不了。同时，如果阶段性目标难度过大，没有办法实现，对于自信心的打击也非常严重，不利于梦想的实现。

第五，不打折扣地完成阶段性目标。

打折扣表面看上去没有什么。比如每个阶段性目标都完成了原定计划的90%，还不错。但如果这些90%相乘，你再看看自己的最终目标还剩下几成？所以那些阶段性目标千万不可以打折扣，要能在即便出现意外的情况下也不打任何折扣地完成，这样才能一步步地走向理想，拥抱成功。

把目标化整为零是一种智慧，这种智慧对于成功能起到至关重要的作用。对于阶段性目标不仅仅要做到以上提到的那些，还有一点非常重要，那就是学会调整。不能生搬硬套，照本宣科。

合理安排工作优先度

情景再现

小芳曾经在大学校园门口开了一间服装店，生意还不错。后来因为扩建，店铺的房子要拆，所以，她失业了。

后来，她进入了一家保险公司，从事销售保险的工作。小芳对这份工作抱有很大的热情，每天她都会写总结，把每天拜访客户的情况都详细地记录下来，每天都保持拜访3个客户以上。就这样，两个星期后，小芳签订了8张保单，业绩甚至超过了一些老业务员。

为了能有更多的时间去拜访客户，小芳决定不再每天写总结，留出更多的时间去拜访客户。然而，两个星期后，小芳的业绩不但没有上升反而有下降的趋势。无论她每天怎么努力工作、拜访客户，成交量一直都很少。对此，小芳百思不得其解，为什么会出现这种情况呢？她决定找到其中的原因。

于是，她把之前每天写的总结记录翻出来阅读，发现业绩下滑不是因为自己懒惰，也不是因为拜访客户的方法不对，而是因为没有规律地去拜访客户，一些重要的客户被忽略轻视了。

对此，小芳决定重新坚持每天写工作总结，随着每天写总结习惯的恢复，小芳的业绩开始不断上升，成交率也在不断提升。此外，通过对以往总结的进一步研究分析，小芳每天都会花较长的时间对工作规划。比如在拜访客户时，她不是把所有客户的名片集中起来进行简单的筛选，而是通过翻出以往做的总结，看看之前都说过什么话，做了哪些工作，接下来该怎么做，这使得他每天的工作井然有序，有条不紊地进行着，业绩也在稳定提升中。

拓展解析

在工作中，是否合理安排了工作的优先度决定着工作效率甚至结果的不同。拖延症的另一个表现方式是客观原因造成的，那就是不懂得如何安排自己的工作。比如我们上班的时候对自己的工作一头乱麻，完全不知道轻重，不明白哪些地方是重点，哪些地方是可以一笔带过的，这就造成了没有轻重缓急、工作无序的局面，虽然主观上很希望能尽快完成工作，但事实上却因为这样的原因耽误了进度。

最简单的办法就是二八法则。这是一个在很多方面都能运用的法则，具体到我们的工作上，首先我们要对自己的工作事项进行分类，找出其中最为重要的、需要先解决的、棘手的，然后是那些暂时还不是很关键、琐碎的、可以缓一缓的事项。

现在我们可以将自己的工作时间的百分之八十，用到那些最重要的、需要先解决的、棘手的事情上，将百分之二十的时间放在那些目前还不是很紧迫、很重要的事情上。也就是给工作安排优先度。

如此安排之后，按照既定的计划展开一天的工作，你会发现自己用那百分之八十的时间去处理那些棘手的事项是多么明智的举动。因为这种事情不会多，往往很少，但却难办，我们将大把的时间花在这件事上，解决后，你会发现整个人都轻松了很多。这百分之八十的时间解决了你一天的工作。

永远将重要的事情排在第一位，这是解决工作效率不高的极为有用的方案。

出谋划策

第一，要事第一。

这是一个人做事过程中高效执行以及避免拖延的第一准则，把最重要的事情放在第一位。这个道理每个人都明白，只是在行动的过程中难以甄别哪些是要事，哪些不是要事。为此，我们首先应该具备甄别要事的能力。

第二，制订周计划。

利用周末的时间，制订下周的工作计划，如利用周六半天的时间，规划下周哪些事在周一做，哪些事在周二做……这样便不会因为没有准备而手忙脚乱。按照做好的计划，我们可以更加从容自信地做事。

第三，运用时间“四象限”法。

管理学家科维曾提出这样一个时间管理方法，他将工作按照重要及紧急程度分成了四类：

紧急且重要，比如公司中的财务危机、人事危机、客户投诉等，这些都是紧急且重要的事情。

重要但不紧急，比如人际关系、员工培训、市场机会、危机预防等，这些事情很重要，但一时半会儿完成不了，所以不紧急。

紧急但不重要，比如客户突然来访来电、惯例中的部门会议等，这些事情迫在眉睫，急需去做，但却不是那么重要。

不紧急也不重要，比如与同事闲聊、探讨个人爱好、发一些与工作无关的邮件等。

以上四个方面称为四个“象限”，在工作以及生活中，有些事情我们本可以很好地完成，但由于没有及时去做而产生问题。所以，我们要把主要精力放在“重要但不紧急”的象限中，这样可以有效防患于未然，起到未雨绸缪的作用，避免有些事情被拖延。

正确接受，合理拒绝

情景再现

生物界有一种虫子名叫“列队毛毛虫”。这种虫子的奇怪之处在于，

它们列队行进。

著名生物学家法布尔做过一个有关列队毛毛虫的实验：他将这些毛毛虫放到一个花盆的边沿上。然后让首领也就是负责带队的那只毛毛虫沿着花盆的边爬动。这样一来，跟在“领队”后面的那些毛毛虫都开始爬动起来，围着花盆形成一个圈，首尾相连。

由此开始，这些毛毛虫再也没有停止下来，它们无休止地在花盆边沿上爬动，直到饿晕了摔下来为止。

拓展解析

类似的愚蠢行为，其实在人类身上也经常发生。有些人总喜欢盲目随大流，而不善于独立思考问题。他们总喜欢那些别人已经给出答案的东西，而不是试图自己得出一个完全不同的答案。比如当大家对某件事的态度有一致看法的时候，很少有人对它提出质疑，当大家对某个人的性格、品质做出定论的时候，很少有人对此表示不同看法。

把正确的事情做好，拒绝那些不合理的，就是节省了时间，提高了效率。因为我们节省了不必要的时间浪费，减少了从事错误工作带来的资源流失。

这个时候要求我们不盲从，有自己的见解，并坚持自己的看法，该拒绝的时候绝不含糊。有自己的主见，这是处理问题的必备素质，当你面对问题的时候，没有任何人比你对这个问题更加熟悉。你的看法很可能是最正确的。

上天给每个人一个脑袋，就是为了让人们去思考，让人们有自己的思维，用自己的方式走完一生，因为只有这样的人生才是自己的，只有按照自己的意愿走完人生旅程的人才能算得上是生活的强者，才能在这个复杂多变、波谲云诡的社会屹立不倒。每个人都需要独立，也都渴望能够独立，而首先要独立出来的就是自己的思想。这是第一步，走出去就是柳暗花明，退回来就是山穷水尽。作为一个心智成熟的个体，独立自主的人生从自己做出的判断开始！

出谋划策

第一，客观看待事与物。

对于某些事物，不管他人是何种看法、何种见解，来源于谁，是少数还是多数，我们都要有自己的思想在里面，正确的还是不正确的，都要客观面对、思考和判断，避免因外界因素影响执行力的强度。

第二，拒绝不合理。

对于一些不合理的事情，不要去犹豫，用很长的时间思考是去接受还是拒绝，采用何种方式拒绝，这样只会浪费时间，造成拖延。所以，对于有些不合理的事情应该坚定拒绝，提高做事效率。

一次专心做一件事

情景再现

拉马科是法国一位伟大的生物学家，是生物学的奠基者。小时候的拉马科被送进了神学院，因为他的父亲希望他将来能当一名牧师。但后来因为德法战争的缘故，他不得不停止学业，去当了兵。当兵不久他生病了，退伍回来之后希望自己能成为一名金融家，所以他退伍之后在银行找了份工作。

24岁那年，他碰上了法国著名思想家、文学家卢梭，卢梭很喜欢拉马科，经常将拉马科带到他的研究室里去。从那以后，拉马科深深迷上了科学。

他用了整整11年时间研究植物学，之后便撰写了《法国植物志》，做

了法国植物标本馆的管理员，依旧从事植物学的研究。这期间他一直在坚持研究植物学，长达15年。

到他50岁的时候，他开始研究动物学，直到他去世，一共坚持做了35年。他从24岁开始，用了26年的时间研究植物学，用35年的时间研究动物学，漫长而专注的研究，让他成为了生物学的奠基人。

拓展解析

德国哲学家黑格尔说：“那些什么事情都想做的人，其实什么都不能做，而终于导致失败。世界上有趣的事情异常之多，西班牙诗、化学、政治、音乐都很有趣味，如果有人对这些感兴趣，我们绝不能说他不对。但是一个人在特定的环境内，如欲有所成就，他必专注于一事，而不分散他的精力于多方面。”

中国有句话叫“百鸟在林，不如一鸟在手”“千招会不如一招熟”，讲的都是专注，不专注在某一件事情上，我们很难取得成就。比尔·盖茨曾经不无遗憾地说，他最大的憾事就是除了工作以外，没有别的兴趣。他花费了自己几乎所有的时间和精力在他关注的事情上，终于取得了成功。

一个人的精力是有限的，要将一件事情做好做完美，我们要专注，需要花费自己所有的精力才能让一件事情变得完美。爱迪生曾经说：“能够将你身体与心智的能量锲而不舍地运用在同一个问题上而不会厌倦的能力……你整天都在做事，不是吗？每个人都是。假如你早上7点起床，晚上11点睡觉，你做事就做了整整16个小时。对大多数人而言，他们肯定是一直在做一些事，唯一的问题是，他们做很多很多事，而我只做一件。”

这就是“成事”与“败事”之间的差别。太多的人将精力分散在了不同的事情上，事实上，在同一时间我们根本做不到对每件事都十分专注，对每件事都尽心尽力。如果不将某件事当成唯一，那么成功的概率就会大大降低。

出谋划策

第一，学会“聚精会神”。

有些人可能会问：“聚精会神”还需要学吗？当然，聚精会神是一种技巧，懂得运用才能发挥最好的效果。有些人觉得自己总是不能将精力集中在一起，做事情的时候会想别的事情。其实，这是一种自我欺骗心理，他们理所当然地接受了“我无法集中精力”这样的观点。而事实上，是他们没有信心去尝试集中精力，只要我们试着去做，就一定能够做到聚精会神。

第二，学会“自我控制”。

很多时候，有些人之所以三心二意、急功近利，是因为情绪控制出现了问题。比如一个人在专心做一件事的时候，突然接了一个普通的问候电话，之后他便无法专心致志地继续做事，总是会想到刚刚打电话的那个人，或者会想是不是还会有人给自己打电话等。这便是自我控制能力差，因为不能控制己，在做事的时候可能导致捡了芝麻丢了西瓜。学会“自我控制”是对自我的一个提升，一旦我们懂得运用“自我控制”，那么，做任何事情都会如鱼得水。

第三，把握最佳工作时间。

一个人做事的持续力和专注力在不同的时间会有所不同，而且会随着时间 推移而降低。一个人工作的最佳时间，也就是常说的黄金时间因个人的工作性质、工作习惯不同而不同。比如有些人习惯了晚上12点以后工作，那么，晚上12点以后他会更加专注地做事；有些人习惯早上9点工作，那么，这段时间他容易做事专注。所以，根据自己的习惯，把一些重要的事情放在自己的黄金时间去做，效率会更高。

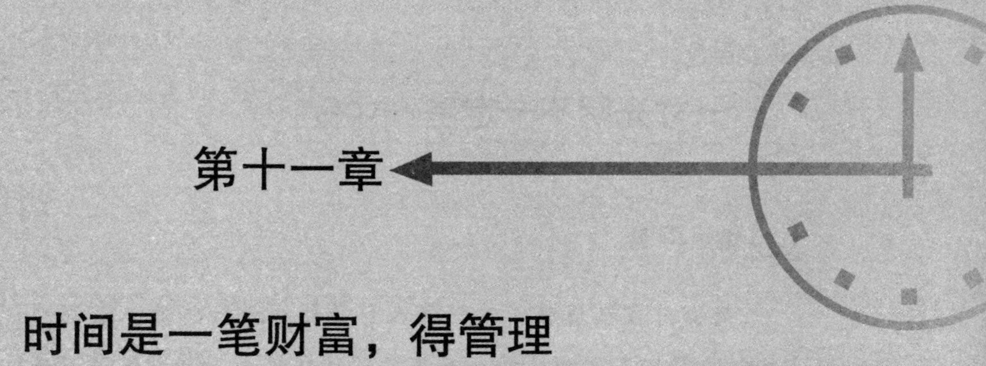

第十一章

时间是一笔财富，得管理

一寸光阴不一定是一寸金

情景再现

某公司在销售旺季对销售人员的业绩进行总结，最好的销售员小王7月创造了85万元的业绩，而垫底的销售员小李只创造了不到10万元的业绩。同样一个月时间，如果小王的一个月是金子的话，那么小李的一个月估计连银子也算不上吧。

为此，人事部门为了培养更好的员工，销售部门为了提升业绩，两个部门联合起来对小李和小王进行了分析。通过分析，得出的结论是两人的时间管理理念不同，在同样的时间及事件中，他们采用了不同的行为，为此，得到了不同的结果。

比如，在多次遭遇客户拒绝后，小王会想："既然被客户拒绝了，那么我身上一定还有不足，我要抓紧锻炼自己，改进自身的不足，这样就不会被客户拒绝，就能够得到更多的订单。"

而小李会想："怎么会这样呢？为什么总是被客户拒绝呢？为什么受伤的总是我呢？"

就这样，小王在被拒绝后，仍然信心百倍，而且似乎有一种愈挫愈勇的状态，将大多数时间用在了如何改进自身不足、提升自己能力上；而小李在被拒绝后，进入到了一种自怜自哀的状态，很多时间都用在了埋怨、怀疑、自我否定中。对此，小王的业绩越来越好，小李的业绩越来越差。

拓展解析

同样是一个小时，有的人用来救人，有的人用来杀人，有的人用来造福人类，有的人用来浪费岁月。所以说，一寸光阴，对于有些人来说是金子，而对于有些人来说啥都不是。小王和小李拥有同样多的时间，小王把时间用在了通往成功的道路上，而小李把时间更多的用在了闹情绪上，这样的话，小王成功的可能性就会更大。

从小王和小李的案例中可以看出，时间管理问题与个人情绪管理有很大的关系。个人情绪决定了我们会把精力放到哪里，而精力决定了我们会把时间用在哪里，是否能够快速达成目标。所以说，很多个人时间管理问题其实就是个人情绪管理能力的问题。

在做同一件事情的过程中，有些人表面看用的时间是一样的，但最后结果却不同，这是因为仅仅通过行为时间来改变结果是不可能的，行为与时间对结果并不起决定性作用。比如你和李嘉诚做一件事情，如果把李嘉诚做这件事情的时间表和你的安排成一样，那么，你是不是就可以成为李嘉诚呢？当然不可能。因为一个人仅仅通过行为模仿是不能成为另外一个人的。我们需要把情绪和时间综合起来一起作用，这样才能让我们越来越接近目标，不至于浪费时间。

很多人视自己的时间如粪土，同样也视其他人的时间如粪土。他们不但工作喜欢拖拉，开会也一样，比如本来定的是十点钟开会，结果你发现到时间之后，会场除了布置会场的人，没几个。这个问题在很多单位都会发生，尽管三令五申，有不少人还是我行我素，没有多大起色。原因就是个人情绪没有得到更好的管理，导致不仅浪费自己的时间，还浪费了他人的时间。

出谋划策

利用好时间，将它的价值最大化，是每个人都要思考的问题，尤其是刚进入社会的年轻人，因为缺少经验，没有丰富的阅历，很多专业知识的积累也是不够的，单凭学校里学到的东西，很难应付工作需要，所以将时间充分利用起来便显得尤为重要。有以下几点需要注意。

第一，管理时间先管理情绪。

时间是资源，善加利用这份资源就可以给我们带来回报，如果对它不闻不问，不善于利用，到头来还是空活百岁。在管理时间之前，我们首先要对自己的情绪进行管理，树立积极的情绪和核心价值观，使得情绪与我们的行为一致，这样我们可以在有效的时间内更有效地完成工作。

第二，将时间用在“刀刃”上。

不同的人可能会有方方面面的差异，但唯独在时间这个问题上，我们所有人都是平等的，每人每天的时间都是一样的。如何用这些时间创造价值，将它赋予更多的东西，才是我们要思考的关键。为此，要将时间用在刀刃上，比如有两件事情需要同等的时间去做，那么，要把时间花在能够获得更多的事情上，这才值得。

第三，有效的合作。

人与人之间，大多时候1+1是大于2的，通常，两个人协作做一件事情要比两个单独的人做一件事情所用的时间还要少。所以，如果有必要，不妨考虑和别人协同合作赢得时间。

不要小看10分钟

情景再现

某企业为了提高员工的技能，在每年的培训项目中增加了网络培训这一课程，目的是让员工能跟上时代的发展步伐，满足工作需要，同时加强对本行业理论知识的学习。

公司规定，学习这门课程不分级别，80%的员工都被要求学习这门课程。王兵虽为部门经理，但也被要求学习这门课程，而且学习完之后每个季度还要考试。

第一个季度学习结束考试成绩出来后，第一名和最后一名的成绩差距很大，这两个人都是自己部门的员工，他自己成绩一般，处于中间位置。他想，作为经理，一定要起到带头作用，第二季度好好学习，一定要弄个第一名。

很快第二季度结束了，考试成绩出来后，原先的第一名还是第一名，他虽然成绩比第一季好了一些，但依然和第一名差距很大。这让他有些想不通，明明这一季度自己是好好学习的，为什么还是和自己手下的第一名有这么大的差距呢！

于是他问两个季度都得第一名的员工为什么会有这么好的成绩，那位员工说："其实也没什么，我看到很多员工都是在考试之前集中学习，而我只是每天花10分钟去学习，这样所学的课程到考试前我都能看好几遍。谁都能记住，自然考得好了。"

经理听了之后大悟，心想："是啊！如果我们每天花10分钟做一件事情，相信再难的事情我们都能做好。"

拓展解析

10分钟能干什么？10分钟时间，你可以读一篇精美的小短文，体悟人生；你可以把自己的案头重新整理一下，让办公环境更加整齐；你可以做一个简单的健身操，或者随便活动一下四肢，让自己保持一个良好的健康体魄；你可以记住一个英语单词；你可以跟自己的父母通一次电话；你可以将抽空没看的邮件浏览一遍……

不要小看"一小段"时间，利用好点滴的时间，就能创造出让我们自己震惊的成绩来。如果我们能用好每天的零散时间，去做那些零散的事情，积少成多，集腋成裘，不起眼的几分钟也能有大收获。

当下很多人都看不起10分钟时间，快下班的时候一看表还有10分钟，觉得做不成什么事情了，于是开始等时间，殊不知这10分钟足够可以让你做完一件事情。比如用10分钟对客户进行一次电话拜访；向领导汇报一下工作；向同事请教一个问题；制作一个表格；拟定一个标题；等等。总之，10分钟可以做的事情有很多，而我们很多人却轻视了。

事实上，之所以类似于这样的10分钟时间没有被利用起来，究其根源便在于浪费之心过盛。无意识的放纵以及懈怠，让我们在时间的流失面前无动于衷，最终没有抓住，一天过去了，两天过去了，一年两年，时间就这样不知不觉地消失，而我们却丝毫没有能从这个过程中创造任何有价值的成就。

出谋划策

第一，上班前后10分钟运用。

上班提前10分钟到岗位，利用这10分钟将今天所要做的工作回顾一遍，整理好顺序，这样可促使我们高效完成。下班前10分钟是很多人最难熬的时候，到这个时候就没有了继续工作的心思。对此，如果我们实在控制不了自己的心思，那么就用这10分钟做些别的工作，转移一下自己的注意力，比如回顾整理今天的工作还有哪些没有做好的，有哪些明天继续要做的。再比如给需要回访的客户打一个电话，回一封邮件等。

第二，生活中10分钟运用。

生活中我们有很多闲置的10分钟，往往觉得做不了什么事情，所以白白浪费掉了。比如下班后总喜欢在沙发躺10分钟，这时不妨问问孩子的学习如何，辅导一下孩子的功课；周末总喜欢在床上多赖10分钟，这时不如起来用10分钟把要洗的衣服放进洗衣机；吃完饭后觉得有些无聊，开始发呆，这时不如用10分钟学习一些专业知识，或者浏览一些有用的新闻；等等。这样都可以提高我们的生活质量。

充分利用那些零散时间

情景再现

从古至今那些在学问上取得伟大成就的人们，他们都是善于利用零碎时间的好手。比如我国东汉时期的著名学问家、学者董遇。他幼年时父母双亡，但非常好学，孜孜不倦，将一切能利用的时间都利用了起来。他曾说过自己的成就来源于“三余”：冬者岁之余，夜者日之余，阴雨者晴之余。

这几句话是什么意思呢？简单讲就是冬天的时候，不用出去劳作，这时候可以拿来学习；晚上不用出去劳作，也可以拿来学习；阴雨天的时候自然也不用出去劳作，同样拿来学习。正是因为充分利用了这“三余”，董遇取得了巨大的成功，成为一代学者。

拓展解析

古人董遇的经历告诉我们，只要能够充分利用一些零散的时间，就能做很多有用的事情，获得不凡的成就。更重要的是，可以提升我们做事的效率，避免因为时间不够而拖延。

我们很多人对零散的时间缺乏正确的认知，本能地认为这些时间没有什么用处，在无所事事中或者休闲娱乐中浪费掉。他们认为就那么几十分钟、半个小时，或者是几个小时，能干什么呢？

事实上，这些时间能做的事情有很多，但他们却选择性地忘记了一点：一天有这么多，两天，三天，两年，五年，十年……加起来呢，这些时间如果叠加到一起，能让我们做很多事情，而不是浪费在那些无聊的问题上。

不要小看那些零碎的时间，比如坐公交、地铁的时间。这些时间你可以拿来干很多事，比如听听行业的语音文件。现在网络发达，人人都在使用智能手机，不用刻意去买之前的那种播放音频文件的设备，一个手机就能解决问题。还可以在车里看看报纸等。

工作时，头昏脑涨的时候，你不妨抽出10分钟来，看看风景，摇摇四肢，活动下筋骨，锻炼下身体，每天如此，让自己有一个良好的体魄，这样工作起来更有干劲，也更有创造性。

失去了时间，那就是输掉了一切，历来伟大的人物在这个问题上都有清醒的认识。富兰克林曾经说过："时间是构成生命的材料。"著名军事家苏沃格夫也曾说："一分钟决定战局。我不是用小时来行动，而是用分钟来行动的。"另一个著名的海军上将纳尔逊，曾发表过一项令全世界懒汉瞠目结舌的声明："我的成就归功于一点：我一生中从未浪费过一分钟。"

时间是一分钟一分钟悄无声息地消失的。我们要控制自己的生活节奏，掌握自己的命运，书写人生的辉煌，这些都离不开对时间的把握、对时间的掌控。人生不过匆匆几十年，时间才是我们最宝贵的东西，丢掉了它，就会造成很多事情的拖延，甚至等于丢掉了自己的生命，浪费了自己的生命。

出谋划策

零散时间的特点是不成块、不集中，为此，我们可以利用这个特点，做那些同样零碎的事情。有以下几点需要注意。

第一，利用零散的时间修补工作。

利用这些时间可以去整理已经完成的或者即将完成的工作，比如哪些东西还需要些小的修补，或者是需要做检查，这些事情只需要用很少的时间就能够做成，所以，利用零散的时间去做是最好的选择。

第二，利用零散的时间规划工作。

每天的工作是既定的，其实零散时间也相对既定。比如上班时在车里的时间，这个时间可以规划整理一下今天的工作；中午一个人吃饭的时间，没有他人的打扰，可以规划一下即将要做的工作；坐公交车的时间，可以用来学习外语、读书看报等。

第三，充分利用晚上的时间。

晚上的时间相对集中，而且是大块的时间。这个时间可以任由我们自己支配，我们可以拿来做自己喜欢做的事情，或者是去充电，或者是去做第二职业，增加收入，或者是拿来学习进修，为以后做更好的铺垫，等等。

总之，不管是生活中还是工作中，零散的时间较多，利用的方式也有很多，只要我们充分合理利用，就能够提高工作效率，降低拖延的概率。

抓住那些黄金时间

情景再现

王海是一个积极向上的小伙子，现在供职于一家贸易公司，从事销售工作。事实上，他来这家公司上班还不到3个月的时间，对于大多数员工来说他还是一个新员工。尽管刚来公司不久，但他工作积极认真，几乎是早上第一个来，晚上最后一个走，始终想着如何将业绩提上去、赢得上司的认可。

然而，虽然他抱着这样的心态和做法工作了将近3个月，但业绩没有一点起色，在所有的销售员当中业绩依然很落后。

对此，他的领导张虎很是纳闷，于是找他谈话，问他原因。王海说："我也不知道怎么回事，平时我工作很努力，丝毫没有懈怠，可业绩就是提不上去。"

张虎说："好吧，那你把每天的工作给我讲一下，我帮你找找原因。"

王海说："早上我基本上是第一个来，7点半就到公司，开始打扫卫生，整理客户档案。8点上班后我便开始给客户打电话，10点的时候出门拜访客户，一直到下班回公司。可是，在打电话和拜访客户的过程中，都很难找到客户。”

张虎若有所悟地说：“你的业绩之所以提不上去不是因为你不努力，而是因为你没有把握好拜访客户的黄金时间。你早上8点打电话的时候，大多数客户基本都在开会，一些高管级别的客户可能还在路上，这样你当然找不到客户了。早上10点大多数客户都在公司，而这个时候你却去拜访客户，没有进行电话拜访，即使你找到客户，大多数客户自然也不会见你。”

王海听了张虎的话，恍然大悟，是啊，虽然自己很努力，但却没有抓住拜访客户的黄金时间，所以才导致业绩一直提不上去。

拓展解析

显然，王海业绩提不上去的原因很简单，那就是没有抓住黄金时间。在销售行业，对于一个销售员来说，上午9点半到11点半是他的黄金时间，因为这个时候客户一般都来到了公司，早上该开的会也开完了，电话拜访的成功率较高，销售员需要抓住每分每秒电话拜访客户。下午2点到4点半和早上9点半到11点半一样，是销售员的黄金时间，拜访客户的成功率较高，工作的效率自然也会更高。而王海电话拜访客户的时间正好错过了黄金时间，为此，他的业绩是很难提上去的。

当然，不同行业的黄金时间是不同的。比如学习的黄金时间是早上，一日之计在于晨，说的就是这个道理；医生救人的黄金时间要依病人的情况而定；等等。总之，抓住黄金时间可以提高我们做事的效率。

人生的成就和黄金时间的利用是紧密相连的。我们能在未来的事业道路上走多远，关键是我们付出努力的同时，黄金时间的利用如何。想想看，为什么很多人看起来比我们成功几倍、几十倍，甚至成百上千倍？难道他们比我们聪明成百上千倍，还是他们比我们多出成百上千个

机会？都不是，之所以差别如此之大，是因为他们对于时间的把握和利用比较有效。

出谋划策

不管在工作中还是生活中，只要我们能够抓住黄金时间，就成功了一半。而如果我们总是说："我很忙，我没有时间。"那么，我们可能会永远没有时间，很多事情会被拖延。对于黄金时间，有以下几点需要我们把握。

第一，一天中学习的黄金时间。

人的大脑在一天中一般有四个最佳时间，也就是黄金时间：一是早上睁眼后的时间，这个时间是大脑印象最深刻的时间，适合学习和记忆；二是早上8点到10点，这个时候人体内的肾上腺素分泌较为旺盛，人体精力充沛，思维严谨周密，信息处理能力较强，是处理重要事情的最好时间；三是下午6点到8点，这是一天记忆效果最好的时间，我们可以用来回顾一天的工作和学习过的知识；四是睡觉之前，此时的记忆能力较好，只要合理安排，也可以达到事半功倍的效果。

第二，工作的黄金时间。

工作的黄金时间除了要参考上一条之外，还要依工作的性质而定，比如案例中销售员的黄金时间和学生学习的黄金时间是不同的。因此，黄金时间要视事情的性质和情况而定，然后合理分配，这样才能达到最好的效果。

时间管理不是放弃休闲

情景再现

有一个刚入行不久的编剧接了一个剧组的任务，要求其在三个月内创作一部电影剧本。对于这位编剧来说，三个月写一部电影剧本，时间上绰绰有余，但由于这个剧组在国内很有名气，所以，他决定把这三个月的每一分每一秒都用在创作剧本上。

接下来，他没日没夜地趴在电脑前，除了睡觉，几乎没有离开过那张电脑桌，认真地创作剧本。刚开始的一个月还算顺利，一个星期的时候剧本大纲就搭建完成，一个月的时候剧本已经完成了三分之一。

可是，在接下来的时间里，进度明显有些缓慢，思维似乎被禁锢了一般，不知道如何往下写，写写停停，然后改改，有时一停就是一个小时，而且越是着急越是无处下手。这让他很是郁闷，如果按照这个速度，三个月的时间肯定是完不成的。

后来，他打电话给一个资深的编剧朋友，向对方讲述了自己的情况。那位编剧朋友问他："这一个多月的时间你一直都没有出门吗？"

他说："是的，饭都是妈妈做，从来没出过门。"

编剧朋友说："我建议你给自己放一天假，出去转一转，这样可能对你写剧本有好处。"

他有些不解地说："我现在时间很紧张啊，如果按时写不完，稿费先不说，最重要的是会影响我今后的职业发展呀！"

编剧朋友说："这点我清楚，相信我，给自己放一天假去玩玩吧，你一定能够按时写完的。"

他想了想，最后还是听了朋友的话，去郊区玩了一天。回来之后再着手写剧本的时候，发现自己思如泉涌，进度快了很多。就这样，不到三个月的时间他就提前写完了剧本。

拓展解析

故事中该编剧最后创作剧本速度减慢的原因其实很简单，一是过于劳累，二是思维禁锢。当然，是因为前者才有了后者。这一点很多人在工作中应该都有所体会，所谓过而不及讲的就是这个道理。在做一件事情的过

程中，当我们的精力逐渐减少的时候，做事的效率就会越来越慢，这时如果我们利用很少的时间去休闲一下，精力就会恢复，做事的效率就又会提升。

当下，有很多白领都是在方格子的办公室工作，整天对着一台电脑，时间长了，疲惫感很快会袭上心头。尤其脑力劳动时间一长，人就容易犯困、头痛、眼睛发涩、精神不振、萎靡。这些都会影响工作的效率，对我们的工作造成负面影响。

这个时候需要我们离开电脑，离开那个小桌子、那个小天地，到外面去透一透风，看看外面的世界、外面的风景，不管是马路上的人来人往、车水马龙，还是城市的现代科技氛围，或者是路边的一抹绿意，都可以起到分散我们的注意力、放缓心情、缓解疲劳的作用，能使我们提高工作效率。

劳逸结合才是时间管理的真谛。我们不是机器人，不能一天24小时处于不间断的劳动之中。我们需要休息，需要缓解，需要放松，需要调整自己的状态。这是人类的需求，也是为了提高工作效率，契合时间管理。

时间管理并不是压榨我们的休闲时间，这是误解。时间管理的真谛在于将价值最大化，凡是契合这个要求的，都是合理的。那么休闲就也在时间管理的范围之内了。

试想一下，你是愿意每天花20个小时做一件事，还是愿意花10个小时做同样的两件事？如果不出意外，我想所有人都会选择第二种，但事实上，如果我们一直处于不断的劳作中，就很可能出现工作时间虽长但效率极低的情况。

不休闲 ，不放松，我们得不到恰当的缓解，身心俱疲，在这种情况下，不但效率低下，创造力也会大打折扣。本来一天可以完成的事情，两天三天，甚至十天八天都有可能完不成。

出谋划策

劳逸结合是工作、生活的永恒话题。时间管理不是压榨每一分、每一秒，否则，生活会彻底失去意义，工作也会变得枯燥无味。所谓“张而不弛，文武弗能也；弛而不张，文武弗为也，一张一弛，文武之道也”。完全将自己逼成只知道工作，不知道休闲、放松的机器人，不但起不到好的作用，相反，会将我们的积极性、创造性消磨光。对此，有以下几点需要注意。

第一，制定必要的休闲时间。

不管工作忙碌还是休闲，都为自己制定必要的休闲时间。休闲时间可以以天为单位，也可以以周为单位，这可依据个人的工作性质及生活习惯而定。比如每天抽出20分钟锻炼身体，每周抽出一天打球等。这样类似的活动都可以有效调整我们的精神状态。

第二，工作期间小休闲。

工作累了，可以站起来扭一扭身子，晃动下四肢，让自己的身体保持健康。中午的休息时间不要再去盯着电脑打游戏，或者看电影、看动漫。关上电脑，好好休息一下，有助于下午保持良好的体能和精神状态。

第三，休闲时间的控制。

我们需要注意，休闲时间不能过于频繁，否则，就会变成懒散，成为打着休闲的旗号去偷懒，继而影响工作的效率。休闲时间及周期的制定要按照自己的劳累程度和生活习惯而定，这样才会起到最好的效果。

每天“多用”半小时

情景再现

小张是一个重点大学毕业的刚参加工作的新员工。工作一个月之后，

他总是觉得自己的主管还不如他呢，论聪明、学历，自己都比他强。心想，就这样一个人，竟然对自己指手画脚、说三道四，还经常说自己这不对那不对。他觉得有些憋屈。

一位老员工看出了小张的心思，对小张说：“你每天几点下班？”

小张说：“6点啊！”

老员工说：“你试着每天晚走半小时看看会发现什么。”

小张觉得挺好奇，按照老员工的说法开始每天晚走半小时，他发现和他一起新来的员工基本上都是6点走人，而一些主管领导却都会在6点半下班。于是他问这位老员工：“是领导的工作没做完在加班吗？”

老员工笑着说：“当然不是，他们的工作其实早就做完了，他们大多时候是在学习，或者安排明天的事情，筹划公司的未来。”

看小张有些不相信的样子，老员工继续说：“他们之所以会成为领导，是因为他们付出的多，比如每天多用半小时学习或者做明天的工作，成年累月，积少成多，他们便有了做领导的资质。”

小张这时似乎明白了，为什么他们的学历、技术不强，却能够坐在领导的位置上。

拓展解析

在这个世界上，其实大多数人的机会、能力都差不多，时间也是一样的，但为什么有些人要比其他人的贡献大、工作效率高、能力增长迅速呢？原因很简单，他们比别人付出的多，比别人肯花更多的时间在工作学习上。比如案例中的领导每天多花的半小时。

在智力、知识储备、阅历等各方面前提条件类似的情况下，如果你想走在别人的前面，唯一能做的就是比他们多做一点，没有捷径。每天多挤出半小时的时间用来工作，一天不见成效，两天、十天、一年、两年过去，这时你再回头看看，你已经将之前的那些人远远地甩在后面，独领风骚。

时间就像是海绵里的水，只要你去挤，多少总会有的。每天多挤半小时，用这半小时就足以改变我们的一生。

聚沙成塔，集腋成裘。每天多用半小时，时间长了，就是一笔巨大的财富。一年两年它能影响我们的生活，十年八年它就能改变我们的生活。每天多挤出来的半小时，就是一个个的阶梯，它将我们的人生推向一个又一个的人生高度，推向一个又一个的巅峰。

在这个竞争激烈的时代，聪明人从来不缺，高学历的人到处都是，但为什么成功者仍旧极少？就是因为肯下功夫、肯比别人努力的人始终只是少数。在这样的时代，我们指望什么脱颖而出，靠什么比别人赢得更多的关注？靠的就是努力，自己不懈的努力，比别人更多的努力，只要我们洒下的汗水比别人多，就会浇灌出更加娇艳的花朵。

出谋划策

看见别人的成功后，不要抱怨，不要气馁，也不要自卑。从现在开始，从珍惜时间开始，从每天多出的半小时开始，你的人生终究也会迎来辉煌的一刻。对于每天的半小时，有以下几点需要我们注意。

第一，挤出半小时。

很多人最大的问题不是没时间，而是挤不出时间，或者是不能够坚持每天的半小时。首先，如前面所讲，时间如海绵，挤挤总会有的。所以，只要我们肯挤，每天就一定能够挤出半小时。

第二，用好半小时。

对于半小时如何运用，相信每个人都有不同的打算，比如做当天未完成的工作、提前做明天的工作、充电学习、帮助同事做事等。总之，无论如何使用，我们一定要遵守避轻就重的原则，也就是说先做重要的事情，然后做次要的事情。比如先做当天未完成的工作，如果当天的工作已经完成，然后可以用来学习或者筹划第二天的工作。

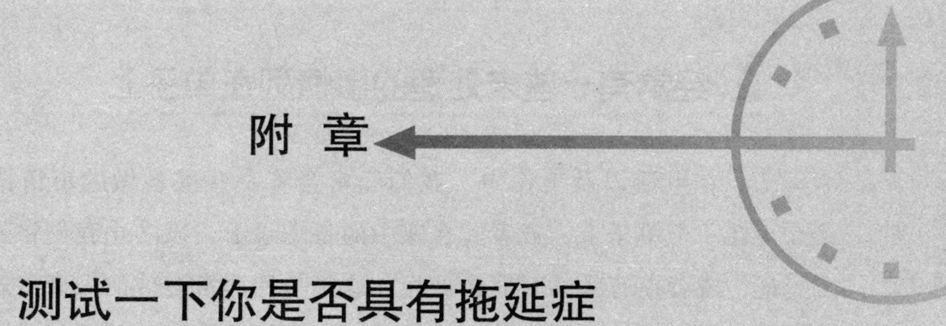

附 章

测试一下你是否具有拖延症

经常有一些未处理的事情列在单子上

在生活以及工作中，我们经常会将一些准备做的事情记录下来，写在一个单子上，或者写在家中的备忘录上，以防止我们将这些事情忘记，或者在有效的时间内做完。这是一种非常有效的做事方式，一方面便于我们将待办的事情按照轻重缓急进行分类，从而有层次地完成；另一方面可以让我们的生活和工作更加井然有序，有逻辑性。可谓是一种科学、高效的方式。

既然我们把准备做的事情记录下来，就要按照单子上的事情去完成，不能把这种生活和工作方式当作一种摆设。然而，有一些人却将这种方式当成了一种形式，单子上总是满满地记录着未处理的事情，日复一日，年复一年，越来越多，这说明了什么呢？

通常有这样两种可能，一是待办的事情还没有到需要处理的时候，比如你计划明年买一台车，三个月后去考察某个项目，这类事情比较多；二是很多事情被拖延了，已经到了待办的时间，然而却一直未着手处理。比如你准备三天后去拜访一个客户，一个星期过去了，这件事情一直没有去做；女儿需要一台钢琴，你答应这周末去买，可两个周末过去了，依然没有买，等等。这便是一种拖延行为，而很多时候，我们都属于第二类。

也许有些人觉得这种情况没有什么了不起，对自己没有什么影响，不必在乎，反正迟早做完就行了，即使不做对生活和工作也没有什么消极的影响。事实上，每个人都有这样一种情况，似乎与生俱来，只不过在有些人身上较为严重，有些人身上不是那么强烈。然而，如果仅仅是因为某

些事情懒得去做，放在单子上暂时搁置一段时间后再去完成的话，表面看在不影响事情结果的情况下，并没有什么不妥。然而，当这种行为成为一种常态或者习惯后，从心理学的角度讲，会引发个人的负面情绪。比如产生强烈的自责、负罪感，出现自我否定、贬低等症状，甚至还会产生焦虑症、抑郁症、强迫症等心理疾病。

为此，不要将这看作一件小事，觉得不就是单子上记录着很多未处理的事情嘛，可能就是因为这些小事，为你带来了拖延症，产生了消极的心理影响甚至疾病。

小林是被刚刚招聘进入某贸易公司的一名员工，主要工作是处理协调公司内部的一些琐碎事情。工作了半个月后他发现，这些琐碎事情真是太多了，闲的时候记不起来有哪些事情要做，过几天后才发现有些事情忘记做了，为此经常遭受上司的指责。

对此，小林咨询了公司里的一些老员工，发现很多人都有一个记事本，专门记录需要处理的事情，类似于一个备忘录，这样工作就会变得井然有序，而且不会忘记重要的事情。小林也按照老员工的做法制作了一个备忘录，用来记录需要完成的事情。

起初，这种方式给小林带来了很大的方便，工作和生活井井有条，再没有因为忘记做某些事情而被上司指责。然而，随着时间的推移，习惯一直在继续，可备忘录上的事情越积越多，每次看到备忘录上密密麻麻的事情都有一种喘不上气的感觉。

这周末，他整理了心情，打开备忘录，仔细分析了这些未做及已经做完的事情，他发现，他做完的基本上都是一些重要的事情，比如领导格外交代或者工作中必须要做的事情，而对于一些无关紧要但需要做的事情，很多都没有做。比如公司需要补充办公用品，需要回访某位客户，什么时候需要缴纳电费，家里需要添置一台空调，等等。这些事情一直被拖延着。

再回想当初有时间想去做这些事情的时候，心里总会想第二天就去做，然而到了第二天，总会被另外一些事情所代替。想到这里，他明白了为什么备忘录中有这么多待办事情，也明白了为什么每次看到备忘录都会产生一种紧张感。

今天周末，他立刻起身拉开房门，向外边走去，去处理那些待办的事情……

有些事情不是我们没有能力去处理，也不是没有时间去处理，而是懒得去处理，只是简单地将待办事宜记录在了备忘录中，似乎在告诉自己，有这些事情需要去处理，给心理一种安慰。然而，事情没有去做，等同于没有记录下来一样，没有任何的作用，反而每次看到备忘录的时候，给自己造成心理负担。

如同以上故事中的小林，出发点很好，将待办事情记录下来一一完成，然而在操作的过程中因为拖延一些事情却被搁置了，不仅对自己的心理造成了消极影响，而且还没有达到预期的效果。幸好小林最后发现了问题所在，没有任何迟疑着手去做那些待办的事情，为此我们相信，日后备忘录在他的生活及工作中会起到很好的作用。

如果我们也有像小林前期一样，备忘录上记录着很多未处理的事情，那么不妨向小林学习，整理思绪，调整心态，及时着手去处理那些事情，这样我们的生活和工作会更加美好、高效。

总要等到最后期限才加速工作

“爸爸，妈妈最后一道菜快做好了，准备吃饭吧。”爸爸正在书房玩电脑游戏，女儿推开房门开心地说。爸爸说：“稍等一会儿，马上就来。”大约过了半分钟，女儿再次推开房门，焦急地对爸爸说：“妈妈已经做好菜了，在盛饭，赶快吃饭啦！”爸爸仍然盯着电脑屏幕说：“好的，马上就到。”一分钟过后，女儿生气地推开房门，大声说道：“爸爸，妈妈什么东西都准备好了，你到底吃不吃饭啊！”这时，爸爸扭过

头，急忙关掉电脑，跟着女儿走向餐桌……

在生活中，很多家庭经常会发生类似的情况，女儿喊爸爸吃饭，爸爸总是要等到最后一刻才开始行动。我们来简单分析一下其中的原因，第一次女儿喊爸爸吃饭的时候，爸爸觉得菜还没有炒好，还可以再玩一会儿；第二次女儿喊爸爸吃饭的时候，爸爸觉得菜虽然做好了，饭还没有盛好，还可以再玩一会儿；第三次女儿喊爸爸吃饭的时候，因为妻子一切都准备好了，爸爸没有什么理由可找了，所以才开始行动。对于爸爸来说，整个过程其实就是一个拖延的过程，总是要等到最后才开始行动。

在工作中，很多人也是如此，总是不拖到最后一秒绝不动手。面对上司交给自己的工作，总觉得时间充裕，慢慢做，甚至放下重要的工作，去做一些无关紧要的工作，等快到最后期限的时候，便开始加班加点地工作，搞得自己手忙脚乱，甚至出现一些不必要的错误。而且这种问题已经成为大多数人身上的一种“流行病”。据相关调查，当今有70%的人身上都有这种问题，特别是在都市工作者中间，这种现象非常常见，一方面影响了工作质量，另一方面严重影响了自己的身心健康。

刘艳是某报社的一名记者，平时的主要工作就是采访，然后写新闻稿，交给主编。

本身这份工作并不是很累，按照流程采访完，写一个新闻稿交给主编就完事了，可刘艳觉得总是有做不完的工作、写不完的新闻稿。尤其是在写新闻稿的时候，总是要拖到最后才动手写，似乎不到最后期限就没有灵感一样，而且很多同事都有和她一样的习惯。

有一次是周二，领导让她去采访本地一家知名企业，弘扬该企业创始人的创业精神和管理之道，然后写一篇新闻稿，下周一交给主编。刘艳进行了充分的准备便去采访，采访工作进行得很顺利，总共用了两天时间，也就是在周三结束了采访，她有两天的时间来写这篇新闻稿，时间绰绰有余。

周四早上她来到单位，打开电脑准备开始写新闻稿，可当把手放在键盘上后，怎么也找不到灵感，如何开头呢……用哪种风格写比较好呢……

想着想着，她觉得反正时间还早，下午再写吧，于是就去做了别的工作。下午的时候坐在电脑前准备写稿，可一下午只写了一个开头，下班的时候心想，明天再写吧。

周五的时候写了一个大致的框架，但仍觉得不满意，修修改改最后依然没有完成，无奈，周末的时候她只能老老实实在家里加班，女儿多次周末喊着要去公园，她每次都答应，但每次都食言。

刘艳的姐姐见她每周都是这样，问道："怎么每周都在家里加班呀，你就不能在公司把工作做完，周末陪孩子去玩玩？"

刘艳有点无奈地说："其实我也想每周早点交稿，留出时间周末的时候陪孩子玩，和朋友们聚餐，但不知道怎么回事，就是做不到。每周交稿后我都会提醒自己下次一定早点交稿，周末一定不能泡汤，可是每次到了周末，都是在赶稿中度过的……"

看到刘艳，是不是感觉非常熟悉？你是不是也有这样的情况呢？没错，这就是典型的等到工作的最后期限时才开始加速工作。一方面，这是对工作的一种拖延行为，损人损己，没有任何益处；另一方面，从结果来看，这是心理作用所造成的一种状态，俗话说："没有压力就没有动力。"当越接近最后期限的时候，人们的心中就会越感到压力，从而逼迫出自身的能量；而在之前，总觉得时间还早，心中没有压力，也就没有了动力，从而造成工作的拖延。

为此，我们不妨审视一下自己，回想一下当你刚刚接到一份必须要做的工作时，你是怎么想的？心态是怎样的？是想着以最快的速度做完后再做其他事情呢，还是看看最后的完成期限，觉得时间宽裕可以慢慢做呢？如果是后者，你身上已经有了拖延症的影子，需要改变这种心理，向前者靠拢。

休息时，心思还在那些未完成的工作上

工作一段时间或者是累了，进行一次度假休息对于很多人来说是一件非常幸福的事情，这样一方面可以调整我们紧张的心态，另一方面可以对自己的身体机能进行休养，为再次全身心地投入工作做好准备。

然而，就是这样一个人人都认为是幸福的事情，对于有些人来说却不是那么的幸福，在休息度假的时候仍然惦记着未完成的工作。在这种情况下，既不能起到修身养性、休养身体机能的效果，对于所惦记的工作也是没有任何的作用，可以说是有百害而无一利。

首先，我们来分析为什么有些人在休息的时候心思还在一些未完成的工作上。从积极的角度出发，这类人非常热爱工作，也就是我们平常说的工作狂，他们把工作当作了自己的全部，为此，他们在休息的时候仍然会惦记未完成的工作。因为接近于一种忘我的工作，所以这类人是老板的最爱，也可能是老板身边的大红人。也许有人会问，既然他们这样“痴心”于工作，那么为什么还会度假休息呢？这也许是公司统一放假，也许是要进行度假休息要求其一起同行，总之，如果在休息的时候心思还在未完成的工作上，休息对于他们来说就是一种无奈。当然，还有一种情况就是由于工作压力太大，致使自己在休息的时候无法放松。

然而，在工作量适度的情况下，有些人在休息时所表现出的这种状态，还有另外一种可能，那就是工作的时候一些事情被拖延了，导致了他们在休息的时候仍然惦记着未完成的工作。事实上在当下，对于大多数人来说，都属于这种情况。

张雪是某房地产公司的一名普通职员，在这里工作已有一年多时间，工作上可以说是轻车熟路。

周三的早上领导交给她一堆资料，让她根据这些资料整理出该地区近三个月的房价行情，并且要求这个星期内整理完，周一给他。张雪大致看了一下资料，觉得最多两天时间就可以整理完，所以心里也没当回事。正好自己老公前几天买了一台车需要一些装饰品，于是准备周三上网买一些东西，周四周五再去做。

第二天，她便开始做，深入地看了一下资料才知道，这非常烦琐，需要耗费很多的时间。加之当天处理了一些杂事，直到下午下班，她才完成了不到二分之一。周五认真工作了一天，仍然没有完成。她想，还有周末两天呢，在家肯定能够轻松地完成。

晚上下班回家的路上，她接到了好朋友李琴的电话，说有一位老同学来了，约她第二天一起去玩。这位老同学是张雪和李琴大学的室友，关系非常好，已有两年时间没有见面，张雪不好意思推托就答应了。她想，反正还有周日呢，剩下的工作也不多，一天肯定能做完。

于是，第二天她和李琴及另外一位同学去郊外玩。她们来到一个公园，回忆着曾经发生在校园里的一些趣事以及当下自己的生活状态，可是，在与同学聊天的过程中，张雪的精神始终不能集中，时常会出现走神的情况，总是在不经意间想到未完成的工作。朋友李琴看出了她神情的变化，开玩笑地说道："大美女，今天你心不在焉啊，是不是在想男朋友啊？怎么，难道我们这位老同学也不能吸引你的注意力吗？"

张雪笑着说："别开玩笑了，我哪有男朋友啊，见到老同学我当然非常高兴了，但总是会不自觉地想到上周未完成的工作，真是烦死了。"

李琴说："出来玩想那么多干啥，影响心情，好了，别乱想了，我们去那边玩吧。"

……

我们来回忆一下，类似的情况你有没有在生活中遇到过呢？相信很多人都曾有过这样的状态，对于张雪来说，她是一个非常有责任心的人，所以才会在休息的时候想到未完成的工作。张雪也明白，在休息的时候想这些未完成的工作会影响自己休闲的心情，但是，在责任心及职业素养的作用下，有时候不得不使我们产生这样的想法。

张雪之所以会产生这种想法，显然是因为其对工作的拖延而造成的，本该在工作时间完成的工作，由于自己对工作的轻视，浪费了一天时间，从而导致工作被拖延，使得工作占用了自己的休息时间，使自己在休息的

时候，工作成为了心中的负担。

所以，当你出现这种情况的时候，应该思考是不是因为自己的拖延而造成的。如果是，说明你已经有了拖延症，应该尽量在工作的时候将工作做完，而不是拖到休息的时候去做。

某些工作没有制定最后完成期限

有这样一个农民，为人勤快，干活认真，每天早出晚归打理着自己的农田。这一年，田里的玉米到了除草、松土、施肥的时间，他像往常一样早上很早就起床，扛着锄头、肥料来到农田，认真地给玉米施肥、除草。

虽然他干活认真仔细，但是速度却非常慢，同样大小的农田，几天后，当别的农民活干完之后，他才干了三分之二。邻田的农民问他："你准备啥时候把这些活弄完啊？"他说："农活要认真做，啥时候弄完啥时候完事。"邻田的农民没有说话，过了几天后，大家都开始忙着种小麦了，而这个农民玉米地里的活还没有做完。邻田的农民见此问道："你这活啥时候做完呀，你看大家都开始种小麦了，可要抓紧啊，不要耽误了种植小麦。"

这位农民一看大家都开始忙着种小麦了，心里也有些着急，急忙将玉米地里的活做完，开始种植小麦，可还是比其他农民晚了四五天。

对于农民来说，吃饭靠的是天和季节，如果晚播种一段时间，必然会影响到来年的收成。显然，这位农民耽误了种植小麦的时间，必定影响了来年的收成。分析其造成这种现象的原因，主要是在他做玉米地里的活时没有给自己设定一个期限，只是盲目认真地去做，导致了干活时间的无限拉长，从而耽误了种植小麦的时间。其实，不管是做玉米地里的活还是种植小麦，这是一种拖延。

在工作中，对做某一件事情进行时间的限制，是保证工作高效完成的一种行为。当今经济之所以会这样高速地发展，原因就是我们在工作的时候对其进行了时间限制，而不是无期限地去做。试想一下，如果我们在工作的时候没有时间的限制，会发生什么情况呢？早上吃饭的时候，你可以吃到中午；一个小时就可以完成的工作，你可以做八个小时甚至更长；一件产品可以生产很长时间；等等。在这种情况下，社会发展必将近乎于一种停滞的状态，人们的工作和生活状态必将变得懒散，经济也将呈现出一种消极的现象。所以说，在做某工作时，进行时间限制是非常有必要且必须的。

以上这个道理我们都非常明白，然而，总是有些人在做某些事情的时候没有时间限制，没有给自己一个最后的完成期限。这样虽然不会影响社会经济的发展，但对个人来说，却会让其养成一种拖延的不良习惯。

张明，某叉车公司的服务工程师，主要工作是对自己所负责区域的工厂企业所用到自己公司的叉车进行维护保养。之前他是某工厂的一名维修工，一个星期前才应聘到了这家公司做售后服务工程师，由于有丰富的维修经验，经过简单的培训后便开始了正式工作。

这天早晨，正好有一家企业的两台叉车需要进行二级保养，由于工作比较简单，于是服务主管就派张明去做这项工作，张明也非常高兴地去了客户的工厂。

快到中午的时候，服务主管接到另一个客户的电话，说叉车突然没有了任何反应，需要紧急维修，否则会影响企业的工作。而这时所有的工程师都派出去了，已经没有人可派。根据客户的描述，服务主管凭借多年的经验想：如果叉车没有任何反应和动作的话，那么就不会有太大的问题，比较容易维修。这时他想到了张明，看看时间，张明已经出去三个小时了，按照进行二级保养所需的时间，一台叉车最多一个小时，两个叉车也就两个小时，他想张明肯定已经做完了保养，派他去正合适，于是他打电话给张明。

“张明啊，保养做完了吧，赶紧去××企业，他们的叉车坏了，需要紧急维修。”主管开门见山地说。

“还没有呢，才做完了一台，还有一台没做完呢！”张明回答道。

原以为张明已经做完了保养，没想到都三个小时了才保养完了一台叉车，主管又急又气，指责他说道：“都三个小时过去了，怎么搞的！怎么才保养完了一台车呢！你是怎么干的活！”

张明听主管在指责自己，觉得自己又没有做错，也没有闲着，委屈地说：“你又没有说什么时间做完！”

主管反问道：“难道你没有给自己定时间吗？”

在这个案例中，最主要的问题就是张明没有给自己设定保养两台叉车最后的期限，因为没有时间的限制，所以在工作中变得逍遥起来。本来两个小时就可以完成的工作，他可能需要四个小时甚至更多，从而造成了拖延。

其实，不管在生活中还是工作中，我们经常会在做某些事情的时候不进行时间限制，这样就很可能会为拖延创造条件，使我们养成一种散漫的工作习惯，这不仅会给自己带来消极的结果，而且还会拖延整个大局。

为此，我们有必要自检一下是不是在工作中对于某些事情没有设定最后的完成期限，特别是在领导没有给我们规定完成时间期限的时候，如果有，可能会让你的某些工作被拖延。

开会、出席活动时经常迟到

很多人在儿时上学的时候都有过这样的记忆：早上匆匆忙忙地起床，气喘吁吁地奔向学校，有时候还会迟到。尤其是在冬天的时候，这种情况非常多，因为很多人都有一种赖床的习惯，总想在被窝中拖延几分钟，多感受几分钟被窝的温暖，而就是在这种心态下，有些人养成了拖延的毛病，上学时经常迟到。

随着年龄的增长，慢慢步入社会，参加工作之后，由于工作的压力等其他原因，很多人赖床的毛病会渐渐地改掉，从此，早上上班很少再迟到。然而，有些人却经常在开会或出席某些活动的时候迟到。这是什么原因呢?

通常，在开会或者出席活动的时候迟到有这样几种原因：第一，有其他重要的事情耽误了，这些事情也许是工作上的，也许是生活中的，比如当你正准备去开会或出席活动时，一个非常重要的客户突然来访，或者家里有非常重要的事情需要你回去，导致你迟到；第二，在开会或出席活动的路上交通出了问题，比如遇到堵车、发生车祸等，导致你迟到。

然而，有一类人，他们在开会、出席某些活动的时候经常迟到，是由于自己的习惯性拖延。比如，本来要出席活动，可看到一个精彩的电视节目，于是就想着多看几分钟，从而导致迟到几分钟；本来准备去开会，可看看时间还早，于是想着再喝一杯茶，从而导致开会迟到几分钟……这种行为久而久之就会变成一种习惯，形成严重的拖延症，进而影响工作甚至信誉。

王涛是一位刚刚毕业不久的大学生，前段时间在一家贸易公司找了一份做业务的工作，王涛非常喜欢这份工作，因为他觉得做业务是最能锻炼人的一份工作。

王涛在上学的时候和大多数男孩一样，早上喜欢睡懒觉，因此经常迟到，即使不迟到，也是踩着上课铃声走进教室，从来没有早一天到过课堂。如今他参加工作了，他知道这是一个非常不好的习惯，为了给公司领导留下一个好印象，决心以后再也不迟到，改掉这个不好的习惯。

的确，自从上班之后，王涛再也没有迟到过，每天早上都能提前来到公司。然而，每次公司领导组织开会的时候，王涛总会迟到，原因是自己在外边跑业务，时间赶不上。

有一次业务经理组织开业务会议，时间定在了第二天的下午三点，前一天就通知了各个业务员。

第二天早上，王涛想反正下午才开会，不如去拜访一下客户吧，早上拜访完客户，中午吃完饭12点半，一看时间距离下午3点还早，回公司只

需要40分钟就可以到，于是他准备去拜访另一家客户。然而就在拜访这家客户的时候，因为负责人不在，等了将近1个小时才见到负责人，匆忙谈完事情后，已经2点20分了，这时他急匆匆地往公司赶，到公司时已经3点15分，迟到了15分钟。

而且在随后的一段时间里，这种情况经常发生，有时是因为拜访客户迟到，有时是因为时间估计错误迟到，有时是因为午睡过头迟到，等等。总之原因有很多，结果只有一个，那就是在开会的时候经常迟到。

尽管有些原因是因为工作而迟到的，但公司领导对王涛开会经常迟到的现象很不满意，有好几次当着公司员工的面批评他。虽然在工作中没有犯过什么严重的错误，但他的形象在员工心中降低了很多。

工作中，类似于王涛这样开会经常迟到的人有很多，原因有很多，但总结出来无非就是“拖延”二字，问题还是出在自身。如同一个错误，犯一次两次情有可原，但是经常犯同一个错误就不再是客观原因，而是主观原因。我们需要从自身寻找原因。

现在我们可以采用以下步骤扪心自问一下：

首先，静下心来回想一下，自己是否在开会或者出席某项活动的时候经常迟到，比如参加朋友的婚礼、满月酒、约会、聚会等。

其次，如果有，是否是经常性的。

再次，罗列出每次迟到的原因进行分析，哪些是客观的，哪些是主观的，分别占多大比例。

最后，如果主观因素大于客观因素，那么就说明你有拖延症，你需要积极地去制约或者改掉这些毛病。

认为如果给你更多的时间，你会做得更好

做一件事情，它成功与否、高效与否，有时候与做这件事情的时间有直接的关系，时间充足，我们可能会做得更好，时间有限，我们可能做得就不会那么完美。也就是说，做有些事情的最终质量与完成这件事情的时间成正比。

如同一个修车师傅去修一辆汽车，这辆汽车有很多小问题，但不影响车辆行驶。如果车主能够给修车师傅足够的时间，那么，这辆车的一些小问题会被充分地解决，而如果车主赶时间，只给修车师傅很少的时间，那么修车师傅只能解决一部分的问题，这辆车当然不会修得更好。

但是，如果我们换一个角度讲，某一件事情通常只需要一个小时就可以完成，而且能够做得很好。而你在做这件事情的过程中，对于一个小时的时间觉得如果能够给你多一些时间，你才会做得很好。那么，有两种可能导致你产生了这种感觉，一是你做事的效率本身就很低，二是你在做事的过程中无意拖延了时间，导致你总觉得时间不够用。

如果是前者，那么，你在做很多事情的时候都会有一种时间不够用的感觉，而如果是后者，只有你在拖延的时候才会感到时间不够用，在正常情况下，你自然不会产生这种感觉。所以，对于一件事情，如果别人在规定的时间内能够做完，对方的能力也和你不相上下，而你在同样的时间内总会觉得如果能有更多的时间你会做得更好，那么，你就应该思考自己是否在做这件事情的时候拖延了，从而产生了拖延症。

张静和李敏同是一家杂志社的编辑，张静比李敏早一年来公司，两人的思维能力都很好，总能够想出精彩的选题，为此，两人很受主编的青睐。但随后主编发现，李敏的工作效率似乎总是要比张静的工作效率低。

有一次，主编将本月杂志的排版、印刷等一系列工作交给了张静负责，按照正常的工作流程，这些工作只需要十五天就可以完成。张静接到主编给自己的工作后，便开始着手去做，与排版协商格式，也设计协商封面，与印刷厂沟通印刷等事宜，第十四天的时候，在张静的协调沟通下，

印刷厂顺利将杂志送到了发行部，张静也出色地完成了主编交给自己的工作。随后的很长一段时间，张静都在负责这份工作，而且做得非常好。

直到有一天，张静被总部调到了另一个地区工作，担任该地区的主编。为此，原主编就将张静原先做的工作交给了李敏，心想，李敏和张静的能力都不错，一定能够做好这份工作。可让主编失望的是，第一个月，李敏就没有按时完成交给她的工作，本来应该在十五天完成的工作，直到二十天的时候，发行部才收到印刷厂送来的书，为此，给发行工作带来了很大的困难。

主编为此也很被动，但想到李敏是第一次接手这份工作，也许有些业务还不是很熟悉，也就没有过多地计较。但在随后的几个月中，李敏持续犯了同样的错误，为此，杂志社领导找了主编谈话。随后主编将李敏叫到办公室，问其为何没有在规定的时间内将杂志做出来。李敏有些委屈地说："其实我也没有停下，一直都很忙，如果能够给我更多的时间我一定会做得更好。"

主编说："别在时间上找理由，以前张静在做这份工作的时候都能够按时做完，而你为什么就不能呢？"

这时李敏不说话了，一副很委屈的样子。主编也缓和了口气说道："你能告诉我你是怎么进行每一个环节的吗？"

李敏说："我一直是按照流程去做的，排版、封面设计、印刷等，可有时候一个环节弄几次都做不好，所以我就需要一直等，直到弄好之后再进行下一个环节。"

主编说："如果你一直这样去等某一个环节，还不做其他事情的话，其实这就是一种拖延。最起码你要懂得去和对方沟通，或者进行别的环节，这样才能高效地做好这份工作。"

李敏听了主编的话，似乎明白了很多。

的确，如果别人能够在一定的时间段内完成工作，而你却在同样的时间内无法完成，假如工作能力没问题，就要想想自己是否有拖延行为了。每当遇到这种情况，在遭到领导指责的时候，有些人会觉得很冤枉、很委屈，如同故事中的李敏，自己也没有一直闲着，总觉得是时间不够。这时我们不妨想一想，如果别人能够在规定的时间内完成，而自己却不能够完成，原因必然在于自身，而可能的原因就是拖延。

有时候即使我们很忙，但可能忙的都是一些无关紧要的事情，一些重要的事情也许因为困难或者遇到了某些问题不愿意去主动解决，这样便会导致事情被拖延，而自己还会认为是时间不够。为此，如果你觉得做某事的时间不够，有更多的时间你会做得更好时，看看别人，然后再看看自己，寻找是不是因为拖延而造成的这种情况。

完成工作后还在追求更加完美

如果有人说你做事追求完美，那么就说明对方在称赞你，是对你的一种肯定。因为一个人只有具有追求完美的精神，才能将一件事情做得更好而不是好或者可以，这个人才能有大的发展和进步。

我们经常会听到人们列举这样的例子，一壶水当你烧到九十九摄氏度的时候，如果你觉得差不多了，不用再继续烧了，那么，你永远也喝不到开水。也许就差一秒钟就能将水烧开，而你没有去做，那也是一种失败。为此，我们需要有追求完美的精神，这样才能将水烧到一百摄氏度，将事情做成功。

在工作中，上司也经常这样教导我们，不要将自己的标准放在“差不多”这个词上，而是要做到最好，这样你就会成为公司中独一无二的人物。的确，虽然很多事情我们无法做到完美无缺，但是只要我们有一种追求完美的精神，就能够将事情做得更好。

追求完美是一个人卓越的品质，是每一个职场人士应该具有的精神。然而，任何事情都有两面性，当我们过度追求完美的时候，事情就不会变得那样积极了。所谓过度追求完美，是指在完美地完成一件工作后，为了

追求更加的完美，仍然继续去做。在时间就是生命。效率就是业绩的今天，显然是一种资源的浪费，最重要的是还会在你身上产生一种拖延的因素。因为追求某一件事情的完美再完美，从而拖延了另一件事情的进度，也许另一件事情要比你所追求完美的这件事情重要很多，这样只会导致全局的挫败。其原因，就是因为过度追求完美而产生的拖延。

张翰从小喜欢唱歌，在上初中的时候就对吉他产生了浓厚的兴趣，一直想学习弹吉他。可是由于条件有限，一直没有机会。

直到上了高中之后，同班有一个同学吉他弹得很好，于是他买了一把练习琴跟着这个同学开始学吉他。由于是第一次学习弹吉他，所以他非常认真，同学教他的每一个和弦、每一个伴奏，乃至每一首简单的歌他都不允许有一丁点的瑕疵，如果一首歌某个和弦按错了或者有杂音，他都会停下来重头来过，就这样，很长时间他都不能弹出一首完整的歌。

同学告诉他，刚开始弹错是很正常的现象，但在弹一首曲子的时候一定不要停下来，即使弹错了也要继续，这样才能养成一个良好的节奏感和表演心态。然而，张翰却不这样认为，觉得刚开始学，也要让每一个音符、每一首歌都表现得完美。

然而，事与愿违，渐渐地他失去了对吉他的热情，就这样，高中三年时间他也没有学会弹吉他。转眼上了大学，看到大学里有很多吉他玩得好的同学，于是又对吉他产生了兴趣，报了学校的吉他社团，开始跟着社团的同学学习吉他。

在学习的过程中，他依然对每一个音符都追求完美，但大学的同学告诉他，即使弹错了也不要停下来，只要记住那个错误即可，当你在弹第二遍第三遍的时候，那个错误就会渐渐地消失。这次他听从了大学同学的指导，在弹一首曲子的时候，即使错了也没有停下来，而是继续往下弹。就这样，不到一个月的时间，他的吉他水平已经在社团中数一数二了。

很多人认为，只有不断地追求完美才能让自己更加成功，事实上并非如此，正常的追求完美的确可以让自己更优秀，然而过分地追求完美会给自己心里过重的负担，因为总是担心做不好，对自己要求过高，当出现连续的错误或失败后，难免会失去昔日的热情，更加糟糕的是，如果你的性格比较固执，那么就会造成严重的拖延，将精力耗费在一件事情上，而忽视其他的事情。

如同案例中的张翰，他的出发点是好的，心态是积极的，但是由于过度追求完美，第一次学习吉他时便自己给自己造成了心理打击，从而拖延了学习吉他的进程。而我们看到，在大学阶段，他放下了过度追求完美的心态，以至于他学习吉他的速度非常快，反而更加高效地完成了学习吉他的愿望。

所以说，追求完美是一把双刃剑，这既是一个人的优点，同时也有可能变成一个人的缺点。分界点就在于适度和过度。有些人在做一件事情的过程中，只要达到完美，就会做其他事情，这类人的工作效率通常比较高。而有些人在做事的过程中，即使这件事情达到了完美，他还想让其更加完美，于是花费时间精力继续投入到这件本来已经完美的事情上，从而拖延了其他事情的进程。这便是在工作中因为过度追求完美而产生的拖延症。

为此，在工作中，我们追求完美没有错，但一定要适度，不要过度，避免因为过度追求完美而拖延了其他事情，造成做事效率的低下。

觉得拖延工作是为了更好地准备

你有没有这样的经历：在你要做某一件事情的时候，为了获得最大的成功，或者百分之百达到目标，你总是要花很长的时间去准备，完善每一个细节，心里盘算着如何将这件事情做到最好，做得更完美。可是，就在你准备的这个阶段，你会发现已经有人成功地完成了，而且对方开始的时间在你之后，每当遇到这种情况，你会不会感到很郁闷呢？

相信每一个人遇到这样的事情，心情一定很糟糕，凭什么别人比我着

手做的晚，却在我之前成功呢？凭什么这个点子是我想到的，而别人会先执行取得良好效果呢？问题就在于过度地准备，总觉得工作拖延一下没关系，这是为了更好地准备，只要准备充分，就可以百分百成功，殊不知，就是因为这种心理，有些事情被无限拖延，把成功的机会白白让给了别人。

如同在日常生活中，你想学一门技术，经过简单的考察，发现有些人因为有过硬的电焊技术被聘用到了国外工作，拿着高薪的工资，有些人甚至还在国外安了家。于是，你也想学习这门技术。但是为了保险，你想做一个充分全面的市场调查，然后再着手学习，为此，你开始了学习电焊技术前的“准备”工作，比如走访市场、查阅相关就业资料等，这一“准备”就是半年多，然而突然有一天你听到隔壁王小二已经学习电焊三个多月，并且被一家外资企业聘用。听到这个消息，你肯定会悔恨不已，怪自己没有提前着手做这个事情。

李辉大学毕业之后在外边闯荡了一年多，没有做出什么成绩，于是回到了家乡，准备自己创业。

回到家乡的李辉自信满满，心想，寻找一个好的项目，然后脚踏实地去做，一定会获得成功。因为他从一些媒体上看到一些大学毕业生就是这样成功的，和那些创业成功的大学毕业生相比，他觉得自己一点也不差，同样可以取得不错的成就。

在家琢磨了一个月左右的时间，他觉得开一个水果加工厂是一个不错的项目，因为他的家乡盛产水果，而且在方圆百里比较出名，只是宣传没做好，所以不是非常出名，但是如果把当地的水果加工后大批量推向全国，必定会有很好的市场前景。

想到这里，尽管他觉得是一个不错的项目，但李辉并没有马上着手去做，而是想，如果要做好这个项目，让自己的第一次创业就辉煌，一定要做好充足的准备。于是他开始全面了解果农及果树的数量，每年该地区的产量，然后走向全国各地调查市场。

然而，在市场经济中，时间就是金钱，机会不等人，那几年国内水果市场一片大好，正是介入的好时机。就在李辉去外地调查市场的时候，本地一个叫王小林的年轻人投入20万元，果断开了一家水果加工厂。李辉回来后，看到王小林的水果加工厂办得红红火火。由于是本地第一家水果加工厂，而且收购的价格比市场价要高，所以，大多数果农都愿意将水果卖给王小林的水果加工厂。王小林因为有了足够的货源，合作的客户越来越多，生意也越做越大。

再看看李辉，先不说创办水果加工厂这个想法在王小林之前还是之后，首先，王小林第一个创办了水果加工厂，占据了当地市场。即使李辉现在开始着手再创办一家水果加工厂，在当地也失去了有利的竞争地位，很难超过对方，要获得成功也会变得很难很难。

当然，我们并不是说在做某一件事情的时候不能去准备，人们常说不打无准备之仗，没有任何准备去做事，失败的概率会变得非常大。所以，做某件事情时，准备是应该且必须有的一个程序。但是，如果我们过度地准备，将大量的时间用在准备上，就会变成一种拖延。如同那案例中的李辉，当他回到家乡发现这个项目之后，应该稍作准备，在具备一定的条件后，马上开始行动，这样可以有效地抓住市场机会，而不是一味地准备再准备。很多事情就是在我们犹豫准备的时候，“黄花菜”凉掉的。

其实，有时候一个人做事时过度地准备是由拖延的心理造成的。他会觉得现在做这件事情还不是时候，当别人问起为何不开始做时，会以还在做准备为理由，其实是心理不愿意去做，对做这件事情有所担心，或者还没有做这件事情的激情，总之就是一种拖延的心理在作祟。

从某种角度讲，拖延症是一种强迫症，而过度准备就是这种强迫症的表现形式，最严重的后果是随着这种行为的蔓延，会让自己形成一种自我囚禁的状况，并且进入恶性循环状态，把拖延症当作一种充分准备。为此，做某事之前进行准备是必要且必需的，但一定要把握度，否则会形成不良的拖延症。

工作中经常有一种紧迫感

不管是工作中还是生活中，大多数人都曾有过紧迫感，那种焦急难耐的心情相信很多人都难以忘记。从积极的角度讲，一个人在做事的时候如果有紧迫感，说明他对这件事情非常认真积极，希望尽快做完。尤其是在工作中，如果领导听说你工作有紧迫感，他通常会非常高兴，认为你是在认真对待工作，没有虚度光阴。

在工作中，有些人经常会说："现在是午休时间，你两点以后再打电话吧。""等以后有空了我们再说吧。""不好意思，今天已经下班了，明天再说吧。""今天有点累，改天我们再谈这件事情吧。"如此等等，很明显，通常说这些话的人都没有一种紧迫感，他们认为，有些事情不用着急，反正还有明天。也就是说，从侧面说明了没有紧迫感的人对工作是消极的，不努力的，这是多数人认为正确的一种原理。

但是，从另一个角度讲，有些紧迫感是拖延造成的，如果事情的进展很慢，被拖延，越接近最后的时间期限就越会感到一种压迫感。比如领导让你三天之内完成一个项目，按照正常工作节奏，这个项目三天之内一定能够完成。可是却被你拖延了两天，不管是什么原因，到第三天的时候，你一定会感到一种压迫感，这便是拖延给你带来的压迫感。相反，如果这个项目你在第二天的时候就已经完成了三分之二甚至更多，你就不会感到压迫感，因为你在做这个项目的过程中没有拖延。

所以说，在工作中如果你经常有一种压迫感，这可能并不是一件好事，说明你可能对工作拖延了，尤其在当今这个分工明确的经济社会，领导分配的工作通常都是比较客观且在一定的时间内能够完成的。如果你在工作中经常会产生一种紧迫感，则需要自我检查是否具有拖延症。

刘海是一家公司的业务经理，平时除了工作之外，最大的爱好就是钓鱼，因为经常钓鱼，认识了同样喜欢钓鱼的钓友小张。

对于钓鱼，刘海每个月初，都会主动约上小王去钓鱼，而快到月底的时候，他总是看起来很忙的样子，即使小王主动约他，他也是很少挤出时间去钓鱼。这个月也是如此，从1号到15号，每天下午刘海都会约小王去钓鱼。小王是当地城市的农民，房子拆迁后开发商分了新房，现在以收房租为生活，所以每天基本没什么事，都会应邀和刘海一起去钓鱼。到16号的时候，小王没有收到刘海的邀约，心想，可能是刘海忙，明天会约他的。到了18号的时候，依然没有接到刘海约他去钓鱼的电话。于是在19号的时候他主动约刘海一起钓鱼。

"刘海啊，这几天在干啥呢，怎么没有你消息了？明天去钓鱼吧。"小王在电话中对刘海说。

"哎呀！不行，最近感到很是紧张，没时间啊！"刘海有些焦急地说。

"什么让你这么紧张啊？前段时间不是还很闲嘛！怎么你每个月的这段时间都那么紧张啊！"小王疑惑地说道。

"我也不知道啊，反正每个月的最后几天总有一种紧迫感，似乎有什么东西在追着自己一样，钓鱼确实没时间，还是等下个月初吧。"刘海无奈地说。

从刘海的工作生活以及和钓友小王的对话中，我们可以看出，刘海每个月的后中段时间都会有一种紧迫感，事实上，当下很多人在每个月的后半段都会有这样一种感觉，越快到月底的时候就越能感觉到一种紧迫感，而且越来越强烈，尤其是对于做业务工作的人来说，这种感觉会更加强烈一些。

究其原因，其实就是因为拖延，很多人在月初的时候对工作任务都有一种心理放松的状态，觉得这个月才刚刚开始，不用那么着急，对于领导给自己的工作任务，或者这个月的业绩目标，自己还有很多的时间去完成。正是因为这种心理，有些人会像故事中的刘海一样，将工作上的事情一拖再拖，宁可去钓鱼休闲也会将工作上的事情暂且放下，总是觉得自己还有时间去完成。然而事实是，该做事的时候没有去做，等到着手去做的时候，发现时间已经变得相当紧迫，从而在自己心里产生一种紧迫感。

总之，对于在工作中是否会产生紧迫感要分情况而定，如果领导分配

给你的工作和所需完成的时间是科学且合理的，在这种情况下，你依然经常会产生一种紧迫感，那么，你就要自检是不是有拖延症的存在。

拖延测试题

通过以上几点的分析与自身的对比，我们已经或多或少地认识到了拖延的危害性，以及是否具有拖延症。但是，以上各个方面在日常生活中很常见，并不能全面说明一个人拖延症的程度。

通常，人们对某一件事情进行判断时，科学的做法是根据事物的特点针对性地制定一些测试题，而后进行自我测试，从而得出较为准确的结论。虽说这种测试方式可能有些片面，但从千百年来人类发展进步的历程看，到目前为止，这仍是一种较为科学且合理的方式。下面是根据现代人与拖延症的关系而设定的一些拖延测试题，通过回答这些测试题，我们可以对自己的拖延症有一个较为科学的了解。

拖延测试一

计分方式：回答“是”得一分，回答“否”不得分。

1.对于领导交给自己的工作任务，不管做完还是没做完，总是要等到最后期限才给领导。

2.接到某些工作或者任务后，前几天总是会放在一边，把时间用在玩或者休闲上，总是快到最后期限才会加班加点地去做。

3.在做一件事情的时候，总是没有计划，抱着走一步看一步的心态，不能很好地管理自己的时间。

4.本来上班时间可以完成的工作，总是要去加班完成。

5.很多时候，在开始做一件事情时，自认为自己的时间很充裕，不用着急。

6.当领导或者当事人询问工作进展时，经常不能肯定地回答对方。

7.经常有“明日复明日”的心态。

8.上班时间有经常吃零食的习惯。

9.对于某一件要做的事情，总是能够找到一些理由推后。

10.经常对自己说：“没事，来得及，大不了通宵工作。”

11.对于多件事情，经常眉毛胡子一把抓，不能分清主次，一起开工。重要的事情总是在最后才完成。

12.总是因为时间紧迫，工作做不到位，受到领导指责或者工作效果不佳。

13.在工作中，对于别人的催促习以为常，觉得不是大不了的事情。

14.在工作中，总是在上司询问时才告知其工作进度，从来不主动汇报工作进程。

15.领导将你分派到某一个团队或者让你和某人合作去做一件事情，对方总是会面露难色，或者直接拒绝与你合作。

结果评价：

0—5分：你有拖延症，但不是很严重，对工作有一点影响，但只要找到原因，通过正确的方法，就能够很容易地去除自身的拖延症。

6—11分：拖延症较为严重，已经影响到了你的生活或者工作，或者拖延症已经在你身上形成了一种习惯，你需要拿出一定的决心有针对性地进行治疗。

12—15分：拖延症非常严重。也许你现在事业无成，生活平凡，工作中业绩不突出，在企业中没有得到重用，这些都是严重拖延症带来的后果。你需要重新审视自己，进行修正，否则会影响你的一生。

拖延症测试二

下面我们用另一种方式从另一个角度来测试你的拖延症，请阅读下面的假设然后做选择：

一次偶然的机会，你买彩票中了2000元，恰好这段时间你工作上需要一个笔记本电脑，有了这台电脑，你的工作会更好、更轻松，但是这2000

元不够买你所需要的电脑。但是，能够买一双你非常喜欢的球鞋，而且还能够剩下几百块，这时，你会怎么做呢?

A. 自己添一些钱，然后买一台电脑。

B. 先买一双自己喜欢的运动鞋再说，然后剩下的钱再买一些小东西。

C. 等段时间工资发了添一些钱，然后再买电脑。

D. 什么都不买，先存起来再说。

结果评价：

选择A：说明你没有拖延症，至少在工作中没有。在工作中，你做事干脆，绝不会把今天的事情拖到明天去做。因为从你得到意外之财就买最需要的东西来看，你是一个做事风风火火的人，对金钱并不是很重视。你所追求的是做事的效率，而不是去找一些拖拉的理由。

选择B：从这个选择可以看出，你做事有自己的计划，原则性较强，任何事情都会按照自己心中的打算去做，但正因为如此，你已经有了轻微的拖延症。因为你总是会把最重要的但有难度的事情放在后面，而会先去做没有难度且次重要的事情。这说明你是一个贪于享受的人，总是觉得没有什么事情是非常着急和重要的。

选择C：你患有一定的拖延症，对金钱比较重视。很多事情总是要等到自己有了百分之百的把握才会去做，即使对于一些紧急重要的事情，即使有一点不成功因素，都不会去做。这容易导致你对事情失去积极性，从而让自己产生拖延症状。

选择D：你的拖延症比较严重。对于紧急重要以及次要的事情都会不冷不热，没有一个积极的态度。比如某天你准备洗衣服，心想一个小时之后再洗，可是到了晚上睡觉前也没有洗。也许你也明白这是一种非常不好的拖延行为，但它已成为你的习惯。所以，你需要下定决心，才能将其改掉。